LIVRO DE HAICAIS

[edição bilíngue]

JACK KEROUAC

LIVRO DE HAICAIS

[edição bilíngue]

Tradução de Claudio Willer

Texto de acordo com a nova ortografia.

Título original: *Book of Haikus*

Edição do original em inglês e introdução: Regina Weinreich
Tradução: Claudio Willer
Capa: Marco Cena
Reproduções de manuscritos de Jack Kerouac: Berg Collection (Biblioteca Pública de Nova York)
Preparação: Bianca Pasqualini
Revisão: Patrícia Yurgel

CIP-Brasil. Catalogação na Fonte
Sindicato Nacional dos Editores de Livros, RJ

K47L

Kerouac, Jack, 1922-1969
　Livro de haicais / Jack Kerouac; tradução Claudio Willer. – Porto Alegre, RS: L&PM, 2013.
　304 p. ; 21 cm.

　Tradução de: *Book of Haikus*
　ISBN 978-85-254-2881-3

　1. Poesia americana. I. Willer, Claudio. I. Título.

13-00519　　　　　　　CDD: 811
　　　　　　　　　　　CDU: 821.111(73)-1

© The Estate of Stella Kerouac, John Sampas, Literary Representative, 2003

Todos os direitos desta edição reservados a L&PM Editores
Rua Comendador Coruja, 314, loja 9 – Floresta – 90220-180
Porto Alegre – RS – Brasil / Fone: 51.3225.5777

Pedidos & Depto. comercial: vendas@lpm.com.br
Fale conosco: info@lpm.com.br
www.lpm.com.br

Impresso no Brasil
Inverno de 2013

Para Bob, Nina, Jane e Rick

E em memória de Seymour Krim,
o primeiro a ver os "haicais malucos"
de Kerouac.

Sumário

Introdução: A poética do haicai de Jack Kerouac
Regina Weinreich 9

Agradecimentos 29

Livro de haicais

I. Livro de haicais 31
II. Pops do Darma 107

Cadernos de anotações

III. 1956: Pops da Desolação / Primavera 137
IV. 1957: Haicais de estrada / Verão 183
V. 1958-1959: Haicais da Geração Beat / Outono 213
VI. 1960-1966: Haicais de Northport / Inverno 259

Notas 291
Fontes dos haicais originais 297
Bibliografia 299

Various themes — first Grover flute, then Poet Trombones, then mention of Ma's Oboe, then Burroughs' Drum etc

The bird of Spring died early

The old man woke — The lady died

Então eu inventarei
   O haicai do tipo americano:
   O simples trio rimado: –
Dezessete sílabas?
Não, como digo, Pops Americanos: –
Simples poemas de 3 linhas
                              Anotações de leitura, 1965

Introdução: A poética do haicai de Jack Kerouac

*Regina Weinreich**

O escritor norte-americano Jack Kerouac é conhecido, principalmente, como um estilista da ficção em prosa. É famoso por seu best-seller, a narrativa *On the Road*, e por haver dado à luz a Geração Beat. Para alguns, vêm à mente imagens de hipsters rebeldes, assim como a determinação beat de não revisar: o primeiro pensamento é o melhor pensamento. Mas os leitores cuidadosos da prosa de Kerouac reconhecem que, dentro das cadências quebradas, circulares e emotivas pelas quais sua escrita já foi criticada, imitada e reverenciada, está o fraseado rítmico da poesia.

Entre os literatos que o conheciam mais de perto, Jack Kerouac foi um poeta supremo que trabalhou em várias tradições poéticas, inclusive sonetos, odes, salmos e blues

---

* Escritora, jornalista e especialista em Geração Beat. É autora de *Kerouac's Spontaneous Poetics: a Study of the Fiction*, coprodutora e diretora do premiado documentário *Paul Bowles: The Complete Outsider* e uma das roteiristas de *The Beat Generation: An American Dream*. Como jornalista, colaborou para os mais importantes órgãos da imprensa, como *The New York Times*, *The Washington Post*, *The Paris Review*. É professora na School of Arts de Nova York.

(para os quais ele se baseou nos idiomas do blues e jazz). Também adaptou com sucesso haicais à língua inglesa, seus "American haikus"* ("haicais** americanos"). "O haicai", escreveu, "foi inventado e desenvolvido por centenas de anos no Japão para ser um poema completo com dezessete sílabas e englobar toda uma visão da vida em três linhas breves." Achando que as linguagens ocidentais não poderiam se adaptar ao "fluido e silábico japonês", procurou redefinir o gênero:

"Eu proponho que o haicai ocidental simplesmente diga muita coisa em três linhas breves em qualquer língua ocidental. Acima de tudo, um haicai deve ser muito simples, livre de truques poéticos, capaz de evocar algo e ainda assim ser tão delicado e gracioso como uma Pastorella de Vivaldi. Aqui está um haicai japonês mais simples e belo que qualquer haicai que eu jamais seria capaz de escrever em qualquer língua:

Um dia de quieta satisfação, –
O Monte Fuji está velado
na chuva nevoenta. (Bashô) (1644-1694)

Assim, nessa tradição, Kerouac escreveu:

Pássaros cantando
na escuridão
Da aurora chuvosa

---

* Haiku é tanto singular quanto plural. O uso do "s" por Kerouac é peculiar. Ginsberg mantém o mesmo uso, exceto em sua entrevista à *Paris Review*, na qual pode ter havido edição. (Nota da publicação da edição americana, Regina Weinreich, assim como todas as notas subsequentes em que não estiver indicado N.T., nota do tradutor.)

** Preferi a grafia *haicai* e *haicais*, corrente, utilizada por praticantes: por exemplo, os cultores do gênero do Grêmio Haicai Ipê. Contudo, observam-se no Brasil também as grafias *haikai*, utilizada por Alberto Marsicano e Kimi Takenaka, e *hai-kai*, por Millôr Fernandes. Alice Ruiz parece utilizar indistintamente, conforme o título, *haicai*, *haikai* e *hai-kai*. Registram-se ainda *haiku* e *haikus*. (N.T.)

Kerouac compôs esse e centenas de outros haicais em cadernos de notas datados de 1956 a 1966. Esses blocos pequenos, encadernados – do tipo que ele poderia enfiar no bolso da camisa xadrez de lenhador e levar consigo a todo lugar para fazer novas entradas espontaneamente – contêm um enorme acervo de anotações de três linhas, um veio central, por assim dizer, do qual selecionou o que compreenderia seu *Livro de haicais*, uma coleção que ele pediu a Lawrence Ferlinghetti que publicasse em 1961. Cinco cadernos de notas de rascunhos, datados entre 1961 e 1965, são outra fonte de haicais, e outros foram inseridos em narrativas, cartas ou publicados em pequenos magazines literários. Vinte e seis, alguns deles escolhidos para uma antologia de poesia norte-americana editada por sua tradutora italiana, Fernanda Pivano, foram publicados postumamente em 1971 pela City Lights em *Scattered Poems*. Uma página manuscrita (Berg Collection da Biblioteca Pública de Nova York) indica as intenções de Kerouac.

Jack Kerouac não foi o primeiro poeta norte-americano a fazer experimentos na estética do haicai. Antes dele, Ezra Pound, William Carlos Williams, Amy Lowell e Wallace Stevens haviam, todos eles, criado versos inspirados no haicai. Mas não foi senão após a Segunda Guerra Mundial que uma "atenção rigorosa e informada ao gênero"* cresceu, com a publicação do primeiro dos quatro volumes de *Haiku* por R.H. Blyth, trazendo ao Ocidente a tradição clássica do haicai e zen.

---

* O ensaio de Tom Lynch "A path toward nature: Haiku's Aesthetics of Awareness" oferece uma perspectiva histórica do papel do haicai na poesia norte-americana do século XX. Ver também, de Rick Fiels, *How the Swans Came to the Lake: A Narrative History of Buddhism in America*.

Kerouac voltou-se para o estudo e a prática do budismo após seu período de "estrada", de 1953 a 1956, na pausa entre a escrita do seminal *On the Road* em 1951/52 e sua publicação em 1957 – ou seja, antes que a fama mudasse tudo. Quando terminou *Os subterrâneos*, no outono de 1953, enfastiado com o mundo depois do caso amoroso fracassado no qual se baseou o livro, ele se apegou a Thoreau e imaginou uma vida separada da civilização. Em seguida, deparou-se com *A vida de Buda* de Asvaghosha e mergulhou no estudo do zen.

Kerouac começou seu livro desafiador de gêneros literários, *Some of the Dharma*, em 1953, como uma coletânea de notas de leitura de *The Buddhist Bible*; a iniciativa cresceu até tornar-se uma compilação maciça de material espiritual, meditações, orações e haicais, um estudo de suas reflexões sobre os ensinamentos de Buda. Em 1955, enquanto morava com a irmã na Carolina do Norte, trabalhou em outros dois textos relacionados com budismo: *Despertar* e *Buddha Tells Us*, traduções de "obras do grande rimbaudiano francês nas abadias do Tibete", às quais se refere em suas cartas como "um amplo manual budista".

O haicai chegou aos poetas da Costa Oeste através de Gary Snyder. Inspirado nos *Essays in Zen Buddhism* de D.T. Suzuki (1927), Snyder passou o começo da década de 50 viajando pelo Japão, estudando e praticando o zen-budismo. Philip Whalen e Lew Welch tronaram-se ávidos praticantes de haicai por sua influência. Kerouac, Ginsberg, Snyder e Whalen passaram um tempo juntos em Berkeley, em 1955, conversando, bebendo e trocando suas próprias versões das traduções de haicais de Blyth, das quais estavam lendo todos os quatro volumes. Através das traduções e dos extraordinários comentários de Blyth sobre as obras japonesas, Kerouac encontrou afinidades emotivas e estéticas. Enquanto tentava meditar, escreveu um sutra, *The Scripture of the Golden Eternity*, de 1956, instigado por Gary Snyder, e pensou em toda a sua obra, sua Lenda de Duluoz, como uma "Divina Comédia" baseada em Buda.* O budismo permaneceu como interesse literário para ele, mas não como prática espiritual ou de meditação, como foi para Snyder e Whalen. Mais tarde, quando disse a Ted Berringan, em sua entrevista de 1968 à *Paris Review*, que havia sido um budista sério, mas não um zen-budista, a distinção foi para separar seu interesse do estudo acadêmico do dogma, que prevalecia, em favor da essência budista.** A prática do haicai, contudo, persistiu ao longo de toda a sua vida, tornando-se um meio importante para alcançar o ideal beat da "mente afiada", e para desenvolver um misticismo norte-americano à maneira de Thoreau. Para uma nova geração de poetas, Kerouac acabou abrindo caminho, em uma etapa pioneira do movimento norte-americano do haicai.

Achar estes haicais foi um pouco como extrair ouro de metais menos nobres, tão encravados estavam muitos deles (aproximadamente mil) em blocos de prosa, rascunhos e até mesmo anotações de endereços. Muitos reaparecem ao longo de toda a obra de Kerouac, pois ele reciclava seus haicais, usando-os de diferentes maneiras.

Coleções tradicionais de haicais são organizadas por estação do ano ou tema, mas esse não parece ser um modo apropriado de apresentar os haicais de Kerouac. A primeira parte deste volume abrange haicais que ele mesmo selecionou. A organização cronológica dos haicais na segunda parte pareceu a melhor forma para mostrar um sentido de

---

* Nota manuscrita na página do original do poema "Daydreams for Ginsberg", 10 de fevereiro de 1955, Biblioteca de Livros Raros e Manuscritos, Universidade de Colúmbia.

** Jack Kerouac, entrevista à *Paris Review*, p. 84-85.

evolução da obra, assim como para ver em cada poema sua própria luz. O que também facilita essa abordagem é que Kerouac, em um diário de 1963, dividiu sua vida conforme a referência dos haicais às estações do ano. Assim, seguindo sua ideia, tomei primavera e verão como o período anterior à publicação de On the Road. Outono e inverno como posterior, em seus anos derradeiros.*

Neste livro, procurei incluir exemplos da amplitude dos haicais de Kerouac – aqueles que ele havia selecionado para publicação (*The Book of Haikus*, encontrado em uma pasta assim nomeada) e poemas nas subcategorias através das quais fez experiências com as possibilidades do haicai: os "Pops" filosóficos, assim como os irados e emocionalmente duros "Haicais da Geração Beat". Assim como em toda a obra de Kerouac, em prosa e poesia, o processo é a chave de sua procura por uma linguagem mais refinada.

Allen Ginsberg falou, talvez hiperbolicamente, de Kerouac como o "único *mestre* do haicai: Ele é o único, nos Estados Unidos, que sabe como escrever haicai [...] [ele] fala desse modo, pensa desse modo". O que Kerouac "conseguiu", talvez mais que qualquer outro poeta beat trabalhando com esse gênero, foi trazer à tona a essência de um tema, e a natureza efêmera e cintilante de sua existência fugidia. Essa sensibilidade à impermanência aparece reiteradamente em sua obra, desde *Cidade pequena, cidade grande*, construído ao redor da morte de seu pai, passando por *O livro dos sonhos*, que evoca o frágil indivíduo em confronto com uma sociedade dura e indiferente, por vezes sucumbindo, derrotado.

---

* Ver *Selected Letters 1957-1969*, p. 355: "ROAD foi aprendido em minha primavera & preparei trabalho incrível no verão (CODY, SAX, MAGGIE, SUBS, ANGELS etc.)... Então chegou o outono, ao qual BIG SUR pertence & toda a minha atual exaustão infeliz do tempo de colheita – pelos próximos 10 anos estarei colhendo & recolhendo as sobras, mas sem nenhum grande propósito irresponsável do verão – " (excerto de entrada no diário).

Uma das imagens clássicas de haicais de Kerouac é aquela de uma entidade solitária e animada em uma extensão vazia e cavernosa:

Os moinhos de vento de
   Oklahoma olham
Em todas as direções

E, de um caderno de anotações de 1960:

Uma flor
   na ribanceira
Acenando para o desfiladeiro

Esse ser isolado – aqui "olhando" ou "acenando" – é a quintessência da "persona" de Kerouac vista mais e mais em sua Lenda de Duluoz.

Procurando possibilidades visuais na linguagem, Kerouac combinou sua prosa espontânea com esboços, técnica que lhe foi sugerida por Ed White, amigo do tempo da Universidade de Colúmbia nos anos 40: "Por que você não faz esboços nas ruas como um pintor, mas com palavras?".

"'Mantenha o olho FIXAMENTE no objeto', para haicai", exortou-se em seus cadernos de anotações. "ESCREVA HAICAIS E ENTÃO PINTE A CENA DESCREVENDO-OS!" Ele também comparou o bom haicai à boa pintura. O melhor haicai lhe dava "a sensação que tenho olhando para uma grande pintura de Van Gogh, está lá & você não pode dizer ou fazer nada a respeito, exceto *olhar*, consternado diante do poder de olhar".

Kerouac também reconheceu a cesura ou corte proposital do haicai japonês como chave para seu som e sentido. Citando Shakespeare em um caderno de anotações de 1963, Kerouac escreveu: "'pássaros parados pensando na neve' (combinando a ideia, assim como o som da elipse de um haicai JAP), sempre me perguntei de onde ele tirava esse som? & sempre penso, é disso que gosto em S, quando ele faz uma farra na grande noite do mundo". A extraordinária justaposição frequentemente notada nos esboços em prosa de Kerouac – em *Visões de Cody* (escrito em 1951 e 1952, uma parte publicada em 1959 como *Visions of Neal*), *Doctor Sax* (escrito em julho de 1952, publicado em 1959) e "October in the Railroad Earth"* (1952) – evoca especialmente o espírito do haicai, mesmo antes de ele mergulhar plenamente em sua composição.

Como indicado em cartas, diários e, especialmente, em sua entrevista à *Paris Review*, onde ele, de modo brincalhão, parece não ter soluções ou pistas, Kerouac era inseguro sobre sua própria habilidade em haicais: "O haicai é melhor quando trabalhado e revisado"**, disse a seus entrevistadores. Como a falta de revisão ou a falta de controle da escrita foram constantemente usados para criticar a obra de Kerouac, sua insistência na revisão do haicai deveria contrapor-se à acusação de que sua escrita é mera rebelião insensata. Os cadernos de anotações de Kerouac mostram a composição de haicais como questão de disciplina, tão difícil de alcançar quanto dedicar tempo à meditação Zen.

A descoberta do haicai através da obra do Dr. Suzuki e das traduções de Blyth é o ponto de partida de *Os vagabundos iluminados*. O esforço para aperfeiçoar o haicai torna-se parte do tema narrativo desse relato, publicado em 1958 e dedicado a Han Shan, o poeta chinês cuja obra

---

* Depois publicado em *Viajante solitário* como Capítulo 3, "A terra das ferrovias" na edição da L&PM Editores. (N.T.)

** Kerouac, entrevista à *Paris Review*, p. 104.

Snyder estava traduzindo.* Chamar seu mentor Gary Snyder de Japhy Ryder em sua rima transversa fez com que esse garoto da natureza / místico zen / poeta suplantasse o acelerado Dean Moriarty de *On the Road* como catalisador da "persona" de Kerouac, desta vez apelidado de Ray Smith, no aprendizado dos caminhos dos "vagabundos do darma".

No transcurso da narrativa, ambos resolvem escalar montanhas. Japhy como um Virgílio para o Dante de Ray. Empenham-se em partilhar poesia, observar a natureza e especular sobre a prática do haicai. Diz Smith, perscrutando um lago fresco e puro, "por deus, é um haicai em si".

"'Olhe para lá', entoou Japhy, 'álamos amarelos. Simplesmente faça com que eu entre no clima de um haicai.... 'Falando sobre vida literária – os álamos amarelos.' Caminhando por essa região, dava para compreender as gemas perfeitas dos haicais que os poetas orientais escreveram, sem nunca se embebedar nas montanhas nem nada, mas simplesmente avançando, tão puros quanto crianças que anotam o que veem sem ferramentas literárias nem expressões rebuscadas. Íamos compondo haicais na medida em que subíamos, cada vez mais alto, pelas encostas cobertas de arbustos.

"'Pedras nas laterais da encosta', eu disse, 'por que não saem rolando?'

"'Talvez seja um haicai, talvez não, pode ser um pouco complicado demais', disse Japhy. 'Um verdadeiro haicai

---

* Kerouac tomou conhecimento do poeta chinês Han Shan (700-780 d.C), um contemporâneo de Li Po, através das traduções feitas por Snyder de Cold Mountain. A reclusão de Han Shan era famosa, e cabe comparar sua vida na montanha e a estada de Kerouac no Desolation Peak. Cold Mountain foi onde Han Shan viveu, mas também se refere a ele mesmo e a seu estado de espírito. Tudo o que se sabe dele é que era pobre, parecia um vagabundo e era tido como louco. Ver "Preface to the Poems of Han-Shan by Lu Ch'iu-yin, Governor of T'ai Prefecture" em *The Gary Snyder Reader*.

tem que ser tão simples quanto mingau e ainda assim fazer com que você enxergue a coisa como ela é, como o melhor deles, provavelmente, aquele que diz: 'O pardal saltita pela varanda, com as patas molhadas'. De Shiki. Dá para enxergar as pegadas molhadas como uma visão na mente e ainda assim naquelas poucas palavras também dá para ver toda a chuva que caiu naquele dia e quase sentir o cheiro das pinhas úmidas."

Como deixam claro os relatos ficcionalizados de Kerouac, suas fontes originais retroagem aos artistas japoneses, enquanto os lia em Blyth: Matsuo Bashô (1644-1694), que juntou os pequenos e transitórios elementos da natureza aos mais vastos; Yosa Buson (1716-1784), que trouxe uma perspectiva de pintor à poesia; Kobayashi Issa (1762-1826), que escreveu poemas com ressonâncias mais psicológicas, profundamente afetado pela morte trágica e prematura de sua mãe; e Masaoka Shiki (1867-1902), que preferia fazer esboços da vida.

O valioso comentário de Blyth deu a Kerouac uma janela para a *gestalt* e a própria cultura do haicai, a alteridade e ipseidade, os tropos tradicionais: as estações do ano, o vento, a noite, o crepúsculo, a aurora, névoa, pássaros, grilos, a lua e as estrelas, todos estão entretecidos com suas próprias preocupações de então. As técnicas de Kerouac relacionadas às tradições do haicai poderiam explicar por que, apesar de tantos tiros fora do alvo e passes errados, ele, não obstante, está bem situado entre os poetas americanos do gênero.

Posto que sua atitude mental, apesar da afinidade com as sensibilidades dos artistas japoneses, ainda estivesse a milhas e anos de distância deles, e que sua estética, altamente refinada a seu modo, viesse na verdade de um outro mundo, Kerouac por vezes alcança uma profundidade e riqueza próxima à de seus modelos:

> Inútil! inútil!
> – chuva forte a escorrer
> Para o mar

Esse lamento pelas realizações do homem, fútil diante do caráter inevitável da natureza, evoca o espírito atemporal e universal dos poetas japoneses. Em outro haicai, sua sensibilidade – o processo pelo qual a linguagem chega a ele, e esse idioma distintamente kerouaquiano que por vezes possibilita a redução da linguagem ao balbuciar – predomina de modo mais pleno. Kerouac usa nomes de lugares, reais e imaginados, e abstrações como eternidade e Vazio como marcadores, de modo próximo àquele com que poetas japoneses usavam as estações do ano, a flora e a fauna para evocar estados de espírito.

Uma mistura de ideais japoneses e ocidentais também é vista na coleção "Blues e haicais", gravada com Al Cohn e Zoot Sims. Aqui, Kerouac misturou, com sucesso, "melancolia à sensação de cansaço do mundo da tradição do blues".* Um caderno de anotações de 1957 registra sua afirmação de que "Poesia é para ser cantada como música"; em termos gerais, a gravação de 1959 responde a um instinto diferente daquele dos modelos japoneses. E, contudo, "Cruzando o campo de futebol / voltando do trabalho, / o solitário homem de negócios" e "O celeiro, nadando / em um mar / De folhas ao vento" – estão bem afinados com ambos, uma fusão do haicai tradicional e dos tons dos blues ocidentais.

---

* Tom Lynch, "A Way of Awareness: The Emerging Delineaments of American Haiku" (ensaio inédito).

PROSA DE HAICAI

O uso do haicai por Kerouac não se limitou à poesia. Resenhando *Os vagabundos iluminados* em *The Village Voice* de 12 de novembro de 1958, Ginsberg observou que: "As sentenças são mais curtas (mais curtas do que no grande fluxo inventivo de *Dr. Sax*), quase como se houvesse escrito um livro de uns mil haicais [...]" *Os vagabundos iluminados* fecha com uma grande série de associações perfeitamente conectadas a haicais visionários (pequenos saltos da "liberdade da eternidade"). (Duas imagens postas lado a lado que produzem um clarão na mente.) Kerouac também viu esse salto:

> Uma sentença que é curta e suave com um súbito salto do pensamento é uma espécie de haicai, e há um monte de liberdade e graça em surpreender-se com isso, deixar a mente saltar ao acaso do galho ao pássaro.

O haicai também permeia seu estilo em prosa de outros modos. Em *Os vagabundos iluminados*, ele escreve: "A tempestade foi embora da mesma maneira repentina como chegara, e o brilho tardio do final do dia me cegou. Fim de tarde, meu esfregão secando sobre a pedra. Fim de tarde, minhas costas nuas frias, eu parado em cima do mundo em um campo nevado usando minha pá para colocar torrões de neve em um balde. Fim de tarde, era eu e não o vazio que se transformava". A sequência repetitiva de "fim de tarde" – os "haicais visionários" de Kerouac aqui escritos como frases em prosa – ecoa o modo como ele escrevia haicais em seus diários, frequentemente repetindo uma linha com uma variação. Esse haicai do "fim da tarde" também aparece no #1 de seu caderno de bolso de anotações chamado de "Desolation Peak 1956". Manuscritos, eles seguem a forma de três linhas do haicai e não são consecutivos. Vários dentre eles também estão incluídos em um datiloscrito de 1956 consistindo em 72 poemas numerados que ele intitulou "Desolation Pops".

A alquimia linguística de Kerouac é mostrada em sua transformação do haicai em prosa em *Trip Trap: Haiku along the Road from San Francisco to New York* – de 1959, publicados postumamente em 1973. Uma colaboração com seus amigos Lew Welch e Albert Saijo, esse fino volume é um registro de três sujeitos divertindo-se mutuamente ao lançarem haicais, competindo em um jogo que captura a paisagem que passa pela janela de um automóvel em movimento. Em um relato de viagem de 1963 para a *Holiday Magazine*, Kerouac aprimorou-se com relação às variantes mais simples de haicais em publicações anteriores:

> Oklahoma – em qualquer direção, plano, puro, quieto. Vacas correndo como pontos, como se estivessem tão distantes como Nebraska. Elevadores de grãos esperando que os fazendeiros voltem da igreja para casa. Elevadores de grãos, como altos caminhões esperando que a estrada chegue perto deles. Antenas de rádio difíceis de enxergar em qualquer lugar.... Moinhos de vento olhando em todas as direções.

Trip Trap representa uma saída brincalhona das preocupações e do desânimo fundamental de Kerouac. Mas, na maior parte dos escritos após *Os vagabundos iluminados*, Kerouac prossegue a jornada espiritual, contando de novo sua viagem de isolamento ao Pico da Desolação, testando os ensinamentos de Snyder e dos "lunáticos Zen". Estilisticamente, as estruturas da prosa da primeira seção de *Anjos da desolação* (escrita em 1956, publicada em 1965) têm pontes que unem cada bloco de escrita ao seguinte, como riffs de jazz, mas também são experimentos na forma reduzida, como em "Desolação, Desolação, / tão duro / Descer aqui daí"*. Essa ponte ilustra outro dos usos do haicai para Kerouac. Ele se apropria da forma e a modifica, de modo que a desajeitada terceira linha, "Descer aqui daí", que se lê com dificuldade, tem o termo final espelhando a árdua descida do poeta.

Críticos mais rigorosos duvidam que esses cheguem a ser haicais. Como Kerouac havia feito distinções entre os vários tipos de poemas curtos em seu cânone, alguém poderia igualmente questionar tais distanciamentos do modelo japonês estrito que ele tanto admirava.** Ao mesmo tempo em que era bem versado nos livros de haicais de seu tempo, além de um diligente e disciplinado praticante do gênero, Kerouac também se sentia livre, exercitando uma espécie de licença poética em sua experimentação.

O GÊNERO HAICAI

Poetas contemporâneos como Cor van den Heuvel passaram a interessar-se por haicais após lerem *Os vagabundos iluminados*. Uma florescente tradição norte-americana de haicais é muito admirada por poetas do mundo

---

* No original, "Desolation, Desolation, / so hard / To come down off of" – o "off of" é estranho em inglês, assim como minha solução, "aqui daí", escolhida por causa das observações da organizadora. (N.T.)

** Além de ler as traduções de Blyth em seus quatro volumes, Kerouac possuía várias coleções: *Japanese Haiku: Two Hundred Twenty Examples of Seventeen-Syllable Poems by Bashō, Buson, Issa, Shiki, Sokan, Kikaku Chiyo-Ni, Joso, Yaha Boncho, and Others* (Mount Vernon: The Peter Pauper Press, 1955, 1956) e *An Introduction to Haiku: An Anthology of Poems and Poets from Bashô to Shiki*, com traduções e comentários de Harold G. Henderson (Garden City: Doubleday Anchor Orginal, 1958). Por volta de 1964, lamentou a perda de um de seus livros de Blyth e "meu único exemplar do álbum de haicais de Zoot Sims – Al Cohn – eu (caderno de bolso de notas #43).

todo*, e vários citam as tentativas de Kerouac como uma de suas primeiras influências. Não obstante, houve muitas querelas entre poetas do haicai contemporâneos, a propósito de distinções formais, pelas quais, desconfio, Kerouac teria tido desdém. Enquanto muitos desses contemporâneos reconhecem Kerouac como influência, seu trabalho não se baseia nele, e sim segue em outra direção, mais alinhada às fontes japonesas. Quanto a Kerouac, indagam, teria ele sequer escrito haicais, ou talvez senryu?

O gênero irmão do haicai, senryu, é definido como seguindo a mesma forma do haicai, porém, onde este se relaciona com a natureza, aquele trata especificamente de natureza humana e relações humanas e frequentemente usa o tom humorístico. Tecnicamente, o haicai contém uma referência às estações do ano: o senryu, não. Nisso diferindo do mais exigente haicai, o senryu pode usar o que Kerouac via como "truques poéticos": símile, metáfora e personificação. Kerouac frequentemente escreve seus haicais recuando a segunda linha, como Blyth fazia com o senryu, indicando sua compreensão da distinção.

Alan Pizarelli, poeta do haicai, acha que Kerouac dominava (sabendo-o ou não) não apenas o haicai, mas suas formas relacionadas – o tanka curto (equivalente a um soneto ocidental), o haibun ou prosa escrita por um poeta de haicais (em *Anjos da desolação* e *Big Sur*) e o renku, a espécie de poesia interligada que caracterizou o haicai em *Some of the Dharma*.**

Quer tivesse consciência disso ou não, Kerouac tanto dominava uma ampla escala de variantes quanto conseguia permanecer no âmbito dos padrões do haicai. Seus instintos

---

* Quando lhe perguntaram sobre a situação da poesia em 1993, o poeta ganhador do Prêmio Nobel Czeslaw Milosz respondeu: "Eu me interesso [...] pelo movimento norte-americano de haicai [...] Para mim, essa é uma tendência muito interessante". Citado por Thomas Lynch em "A Way of Awareness: The Emerging Delineaments of American haiku" (ensaio inédito).

** Pizarelli, "Modern Senryu" (ensaio inédito).

estavam suficientemente sintonizados com o espírito do haicai, qualquer que fosse o gênero; muitos de seus poemas são paródias do haicai ou do senryu: "Como aquela borboleta vai acordar" (1957) brinca com, de Buson, "No sino pendente / Empoleirou-se e dorme profundamente / Uma borboleta!". De modo similar, "Atropelado por meu cortador de grama" é uma resposta cômica ao clássico de Bashô, "A velha lagoa, sim! – a água espirrada / Por um sapo" – (transliteração de Kerouac, 1959).

Embora Kerouac entendesse a disciplina do haicai, frequentemente seus experimentos são mais lúdicos que rigorosos:

Em meu armário de remédios
   a mosca do inverno
Morreu de velhice

A espreguiçadeira
   rebolando sozinha
Na tempestade de neve

Cada poema revela a essência do haicai através da simplicidade de expressão e compressão. Que a mosca "do inverno" tenha morrido de velhice sugere que estamos em uma estação do ano após o inverno, talvez a primavera ou o verão. Assim, o uso do inverno é uma brincadeira com a referência tradicional à estação do ano. A situação da mosca do inverno sugere igualmente a mortalidade humana, movendo-se rumo ao "inverno", à idade avançada. Em "a espreguiçadeira", a referência à estação vem como surpresa na terceira linha do poema: a cena retrata o inverno, a cadeira inanimada recebe vida, mas, assim como o homem, está sujeita aos caprichos da natureza.

Kerouac revisou outros poemas, em uma tentativa de enfrentar as implicações da referência sazonal. Por exemplo, escolheu o seguinte poema para seu *Livro de haicais*:

> Forçando o cadeado,
> os portões da garagem
> Ao meio-dia

Uma versão anterior encontrada em seus cadernos de notas inclui a referência sazonal, na última linha constando: "Ao meio-dia em maio". Pizarelli sugeriu que o calor do meio-dia implica que seja verão. Não há necessidade de mencionar a estação, como no haicai tradicional, e por isso adicionar sílabas. O fato de Kerouac haver selecionado a versão mais curta para seu *Livro de haicais* demonstra que ele revisou seus poemas para alcançar maior concisão. Por outro lado, Kerouac também brincava ocasionalmente com a referência sazonal para fazer uma evocação ao modo do haicai em um não haicai: como em "Mao Tse Tung tomou / demasiados cogumelos sagrados / Siberianos no outono".

Pops

> Na cadeira
> decidi chamar Haicai
> Pelo nome de Pop

A decisão de Kerouac de chamar haicais pelo nome de "pops" também pode anunciar sua despedida da tradição do haicai. Como mostram seus cadernos de anotações, essa vacilação entre abraçar e rejeitar as tradições do haicai continuou ao longo de sua carreira, em vários estágios: o primeiro em seu período de 1956 no Pico da Desolação, quando completou *Some of the Dharma*, "Desolation Pops" e *Anjos da desolação*. Nessa fase, impregnada de referências ao zen-budismo, Kerouac viu uma oportunidade para utilizar a forma japonesa de modo a evocar suas preocupações maiores, invocando o Vazio e outras abstrações como tentativa de captar e descrever a experiência mística. Renomeá-los assinala a guinada com relação a uma abordagem clássica. "O tempo continua a correr / –suor a escorrer / da minha testa, de tanto brincar." A construção é complicada e confusa, como se Kerouac se esquecesse das estratégias-padrão do haicai de usar o tempo presente e imagens concretas; ele perde a imagem sucinta que o haicai propõe de modo tão apropriado. E, no entanto, a justaposição da primeira e da segunda parte realça os argumentos de Kerouac sobre a eternidade e a natureza transitória do universo. Embora esse texto não exemplifique os ideais do haicai, faz parte de uma ampla imagética surreal característica da escrita de Kerouac em geral.

Assim como em sua obra em prosa, a poesia de Kerouac revela um padrão similar de desenvolvimento: do convencional ao experimental. Nunca um formalista, ele escreveu muitos haicais experimentais. Alguns, meramente deixava acontecerem, para retornar a eles, refinando-os enquanto seguia em frente. Como mostram os poemas contidos em *Some of the Dharma* e em seus cadernos de notas, Kerouac considerava haicai uma designação vaga, um trampolim do qual podia saltar, algo que ele podia usar livremente para seus próprios fins artísticos.*

---

* Essa ideia de um uso do haicai por Kerouac para além da produção de poesia adiciona uma dimensão àquela predominante, meramente biográfica, expressada por Barbara Ungar: "Seu budismo era em grande parte uma tentativa de alcançar a paz diante da vida descrita em sua prosa: seus haicais expressam suas tentativas de transcendê-la". Prosseguindo, Ungar acha que "seus haicais descrevem os raros momentos em que Kerouac alcançou a paz interior, quando ele parou de correr o suficiente para olhar e sentir profundamente a natureza deste mundo trágico e fugidio. Mas sua paz nunca durou, sua iluminação nunca chegou e o haicai permaneceu como forma secundária de arte para ele". (Ungar, "Jack Kerouac as Haiku Poet", em *Haiku in English*, Stanford Honors Essays in Humanities 21, Stanford, 1978)

Haicais da Geração Beat

>Árvores de outono
>O cão se debate com uma velha coceira
>
>>(um haicai da Geração Beat)

Um manuscrito original em um rolo, intitulado "Is there a Beat Generation?" teve esse haicai entranhado nele, incluindo o epíteto entre parênteses. O ensaio de Kerouac verberava contra o termo "Geração Beat" ser usado de modo arbitrário. Esse haicai é uma expressão espontânea da sua irritação diante do uso do termo por aqueles que nada tinham a ver com ele. "Ai deles", escreveu. Contudo, essas três linhas, talvez mais evocativas do estado mental de Kerouac do que do mundo exterior, fornecem uma categoria autônoma e representa um outro estágio em sua apropriação do haicai. Muitos poetas do haicai utilizam hoje a forma de duas linhas. Esse poema não aparece em nenhum outro lugar na obra publicada de Kerouac, nem em seus cadernos de notas. Porém, é encontrada em um ensaio intitulado "The Beat Generation", junto com outro haicai assim rotulado.* Devemos sequer encará-lo como haicai, mesmo ele o fazendo? Será que se refere a outro haicai, mais bem-sucedido?

>A árvore parece
>>um cão
>Latindo ao Céu

Esse poema, de um caderno de bolso, converte a raiva e frustração de Kerouac em visão universal, personificando

---

* Biblioteca de Livros Raros e Manuscritos na Universidade de Colúmbia. O ensaio está datilografado, assim como vários "haicais" esboçados, sob a categoria *Beat Generation*, alguns como haicais de duas linhas.

a natureza indignada diante de um "céu" desconcertante e indiferente. Significativamente, Kerouac o selecionou para seu *Livro de haicais*. Escrito em Northport, no outono de 1958, sua composição coincide com os "haicais da Geração Beat", em que ele renega a forma deliberada do haicai para criar as justaposições mais surreais que marcam sua prosa mais experimental.

O que vem a seguir deve mostrar a extensão da produção de haicais por Kerouac. Na mesma medida em que permanecerá controverso como estilista em prosa, sua obra também será reavaliada e discutida por críticos do haicai. Ele continuará a ser visto como pioneiro, como alguém que alargou o gênero. Esta coleção deverá contrapor-se à suposição prevalente de que, para Jack Kerouac, o haicai era apenas uma arte secundária. Muito ao contrário, como escreveu para sua tradutora italiana, Fernanda Pivano, em abril de 1964: "O extenso corpo de obra a permanecer que eu criei, tudo isso [é] poesia transformada em drama narrativo...". Até nessa expressão poética delimitada ele sempre será reverenciado como um primoroso artista literário.

Junho de 2002

Agradecimentos

Em abril de 1997, na cerimônia em memória de Allen Ginsberg realizada em um centro de meditação budista, John Sampas, executor do espólio de Jack Kerouac, perguntou-me se eu poderia organizar um volume de haicais. Sou profundamente grata a ele por confiar-me esse importante trabalho. Em acréscimo, agradecimentos são devidos a meu editor Paul Slovak, sábio em livros e beats, e aos agentes literários Jennifer Lyons e Sterling Lord. Sugestões adicionais vieram de Gary Snyder, David Stanford, Hiroaki Sato, Ann Charters, Bertrand Agostini, Joyce Johnson, Douglas Brinkley e James Hackett, que vive em Haiku, Havaí. Philip Whalen já estava demasiado doente para corresponder-se comigo: sou-lhe grata por sua boa-fé. Stanley Twardowicz, de Northport, partilhou poesia e anedotas sobre Jack escrevendo-os. Os bibliotecários e a equipe da Berg Collection na Biblioteca Pública de Nova York e na Sala de Livros Raros e Manuscritos da Biblioteca Butler na Universidade de Colúmbia merecem reconhecimento especial.

Fui orientada por poetas modernos do haicai. Especialmente generoso com seu tempo e bons conselhos foi Cor van den Heuvel, que me trouxe uma indispensável primeira edição dos quatro volumes de *Haiku* de Blyth. Lee Gurga e Alan Pizarelli também contribuíram para que eu aprimorasse minha estética do haicai. Quanto à seleção, aconselharam-me esses poetas, melhor jogar fora a escória. Até um soberbo poeta do haicai escreverá centenas antes que venha à tona um único de boa qualidade. Melhor não mostrar Kerouac no que ele tinha de pior.

Por fim, acabei escolhendo muitos contra seus consistentes conselhos. Como parte do grande projeto de Kerouac, a "Divina Comédia de Buda", seus haicais são um registro de valor inestimável da sua linguagem. Os leitores merecem vê-los, e gostar deles, se quiserem. Digamos que eu pequei pela extravagância.

– I –

LIVRO DE HAICAIS

"Livro de haicais ainda não reunidos, porém meu último haicai o melhor:

    Chefe Cavalo Louco
        olha em lágrimas para o norte –
    As primeiras neves despencam

[...] reuniria todos os meus haicais de cadernos de anotações e os juntaria para um livro [...]"

Cartas a Lawrence Ferlinghetti
23 de outubro, novembro de 1961

A rare moment — neighbor
boy in quiet moonlight
Looking thru telescope

———

(And doesn't know I'm there
in next yard)
(And moon so silent
& clean)
(Oh how to compress all
That in a NINE-WORD
AMERICAN HAIKUS)
↓

How rare! — quiet
moonlit night boy
Gazing thru telescope

———

(Get rid of articles +
prepositions)?

RARE WORLD MOMENT
— MOONLIGHT TELESCOPE BOY
STUDYING QUIET MOON

A seleção por Jack Kerouac de haicais para publicação foi posta em uma pasta preta denominada "Livro de haicais". Muitos se originaram dos cadernos de anotações de bolso, começando em 1956. Embora nenhuma data seja assinalada para o conteúdo dessa pasta, está claro, a partir de diários e cartas, que Kerouac pretendia publicá-los. Em *Some of the Dharma*, fez a lista dos livros que planejava, incluindo um *Livro de haicais*. Os "American Haikus", gravados em 1959 com Al Cohn e Zoot Sims, foram tirados desta coleção, assim como a maior parte daqueles na seleção conhecida como *Scattered poems*.

BOOK OF HAIKUS

The little sparrow
    on my eave drainpipe
Is looking around

                                The tree looks
                                      like a dog
                                Barking at Heaven

Girl with wagon—
    what do
I know?

                                Tuesday—one more
                                    drop of rain
                                From my roof

I found my
    cat—one
Silent star

                                In the morning frost
                                    the cats
                                Stepped slowly

LIVRO DE HAICAIS

O pequeno pardal
    na beira da calha
Olha ao redor

                    A árvore parece
                        um cão
                    Latindo ao Céu

Garota no carrão –
    o que
Sei eu?

                    Terça-feira – mais uma
                        gota de chuva
                    Do meu telhado

Achei meu
    gato – uma
Estrela silenciosa

                    Na geada do amanhecer
                      os gatos
                    Pisam devagar

No telegram today
   –Only more
Leaves fell

                    Frozen
                        in the birdbath,
                    A leaf

First December cold
    wave–not even
One cricket

                    Cool breeze–maybe
                        just a shillyshallying show
                    That'll ruin everything

50 miles from N.Y.
    all alone in Nature,
The squirrel eating

                    2 traveling salesmen
                        passing each other
                    On a Western road

Nenhum telegrama hoje
    – Nada a não ser
Mais folhas caídas

            Congelada
                no tanquinho dos pássaros,
            Uma folha

Primeira onda de frio
    em dezembro – nem
Um único grilo

            Brisa fresca – talvez
                só um faz de conta
            Que irá arruinar tudo

A 50 milhas de N.Y.
    sozinho no meio da Natureza,
o esquilo come

            2 caixeiros viajantes
                cruzam-se
            Em uma estrada do oeste

The smoke of old
    naval battles
Is gone

                      The windmills of
                              Oklahoma look
                      In every direction

Grain elevators, waiting
    for the road
To approach them

                      Juju beads on
                            Zen manual–
                  My knees are cold

Listen to the birds sing!
    All the little birds
Will die!

                        Dusk–the bird
                          on the fence
                  A contemporary of mine

A fumaça das velhas
   batalhas navais
Já se foi

                    Os moinhos de vento de
                        Oklahoma olham
                    Em todas as direções

Elevadores de grãos, esperando
   que a autoestrada
Chegue perto deles

                    Veneradas contas no
                      manual Zen –
                  Sinto frio nos joelhos

Ouçam os pássaros a cantar!
   Todos os passarinhos
Morrerão!

                    Anoitece – o pássaro
                      sobre a cerca
                  Meu contemporâneo

Nightfall–too dark
    to read the page,
Too cold

                   Useless! useless!
                        –heavy rain driving
                   Into the sea

Alone at home reading
   Yoka Daishi,
Drinking tea

                 The bottoms of my shoes
                     are clean
                 From walking in the rain

Coming from the west,
   covering the moon,
Clouds–not a sound

                 Her yellow dolls bowing
                     on the shelf–
                 My dead step grandmother

Anoitece – escuro demais
    para ler a página,
Frio demais

            Inútil! inútil!
            – chuva forte a escorrer
            Para o mar

Sozinho em casa lendo
    Yoka Daishi,
Tomando chá

            As solas dos meus sapatos
                estão limpas
            De caminhar na chuva

Vindas do oeste,
    cobrindo a lua
Nuvens – nenhum som

            Suas bonecas amarelas fazendo mesuras
                na prateleira –
            Minha avó madrasta* morta

---

* Por mais que evitasse notas por causa de dificuldades de tradução, desta vez não houve como, pois Kerouac criou uma *step grandmother*, algo que não existe – há *stepmother*, madrasta. (N.T.)

Birds singing
 in the dark
In the rainy dawn

                       Straining at the padlock,
                           the garage doors
                       At noon

Nodding against the wall,
    the flowers
Sneeze

                           The earth winked
                                at me–right
                           In the john

November the seventh
    The last
Faint cricket

                           Well here I am,
                              2 PM–
                         What day is it?

Pássaros cantando
   na escuridão
Da aurora chuvosa

            Forçando o cadeado,
                os portões da garagem
            Ao meio-dia

Assentindo à parede,
   as flores
Espirram

            A terra acenou
                para mim – logo
            Aí, na privada

Novembro, dia sete
   O último
Desfalecido grilo

            Onde estou,
                14h –
            Que dia é hoje?

In my medicine cabinet
    the winter fly
Has died of old age

                      The castle of the Gondharvas
                          is full of aging
                      Young couples

Early morning yellow flowers
    –Thinking about
The drunkards of Mexico

                      Wine at dawn
                          –The long
                      Rainy sleep

Night fall–too dark
    to read the page,
Too dark

                      What is Buddhism?
                          –A crazy little
                      Bird blub

Em meu armário de remédios
   a mosca do inverno
Morreu de velhice

                O castelo dos Gandharvas*
                   está cheio de idosos
                Casais jovens

Flores amarelas do amanhecer
   – Pensando neles,
Nos bêbados do México

                Vinho na aurora
                   – O longo e
                Chuvoso sono

Cai a noite – escuro demais
   para ler a página,
Escuro demais

                O que é Budismo?
                   – Uma louca pequena
                Titica de pássaro

---

* *Gandharvas* (sânscrito): espíritos da natureza, meio animais, meio homens; músicos e mensageiros junto aos deuses. Ver nota da editora ao final, sobre esse haicai. (N.T.)

Crossing the football field,
    coming home from work,
The lonely businessman

            Prayerbeads
                on the Holy Book
            —My knees are cold

After the shower,
    among the drenched roses,
The bird thrashing in the bath

            The barn, swimming
                in a sea
            Of windblown leaves

The low yellow
    moon above
The quiet lamplit house

            Snap yr finger,
                stop the world!
            —Rain falls harder

Cruzando o campo de futebol,
    voltando do trabalho,
O solitário homem de negócios

                Contas de rezar
                    no Livro Sagrado
                – Frio nos joelhos

Após a chuvarada,
    entre as rosas encharcadas,
O pássaro brinca e se banha

                O celeiro, nadando
                    em um mar
                De folhas ao vento

A lua amarela
    baixa acima
Da quieta casa iluminada

                Estale seu dedo,
                    pare o mundo!
                – A chuva cai mais forte

Beautiful young girls running
    up the library steps
With shorts on

            Bee, why are you
                staring at me?
            I'm not a flower!

Nored the Atlantican Astrologer
    weeps because the King
Laid his Autumn girl

           Ghengis Khan looks fiercely
              east, with red eyes,
            Hungering for Autumn vengeance

Geronimo, in Autumn
    says no to peaceful
Cochise–Smoke rises

           Mao Tse Tung has taken
              too many Siberian sacred
           Mushrooms in Autumn

    Lindas garotas correndo
        pelos degraus da biblioteca
    Usando shorts

            Abelha, por que você
                me encara?
            Não sou uma flor!

    Nored o Astrólogo da Atlântida
        chora porque o Rei
    Trepou com sua garota de outono

                Gengis Khan olha bravo
                    para o leste, de olhos vermelhos,
                Faminto por sua vingança de outono

    Jerônimo, no outono
        diz não ao pacífico
    Cochise – Ergue-se a fumaça

                Mao Tse Tung tomou
                    demasiados cogumelos sagrados
                Siberianos no outono

Quiet moonlit night–
    Neighbor boy studying
By telescope; –"Ooo!"

                      Missing a kick
                          at the icebox door
                      It closed anyway

Perfect moonlit night
    marred
By family squabbles

                      The Spring moon–
                          How many miles away
                      Those orange blossoms!

When the moon sinks
    down to the power line,
I'll go in

                      Looking up at the stars,
                          feeling sad,
                      Going "tsk tsk tsk"

Calma noite enluarada –
  O garoto do vizinho estuda
Pelo telescópio – "Ooo!"

                    Errando o chute
                        na porta da geladeira
                    que fechou-se assim mesmo

Perfeita noite enluarada
   atravessada
Por brigas de família

                    A lua da primavera –
                        Quantas milhas de distância
                    Aquelas flores de laranjeira!

Quando a lua afundar
   abaixo dos fios elétricos,
Eu vou entrar

                    Olhando para as estrelas,
                        sentindo-me triste,
                    Assim: "tsk tsk tsk"

This July evening,
    A large frog
On my doorsill

            Dawn, a falling star
                —A dewdrop lands
            On my head!

In back of the Supermarket,
    in the parking lot weeds,
Purple flowers

            Protected by the clouds,
                the moon
            Sleeps sailing

Chief Crazy Horse
    looks tearfully north
The first snow flurries

            November—how nasal
                the drunken
            Conductor's call

Esta noite de julho,
    Um grande sapo
Na soleira da minha porta

              Amanhecer, uma estrela cadente
               – Uma gota de orvalho pousa
              Na minha cabeça!

Nos fundos do Supermercado,
    nas moitas do estacionamento,
Flores roxas

              Protegida pelas nuvens
                   a lua
              Navega e dorme

Chefe Cavalo Louco
    olha em lágrimas o norte –
As primeiras neves despencam

              Novembro – como é nasal
                o chamado
              Do condutor bêbado

In Autumn Geronimo
    weeps–no pony
With a blanket

                          Autumn night in New Haven
                              –the Whippenpoofers
                          Singing on the train

Peeking at the moon
    in January, Bodhisattva
Takes a secret piss

                          A turtle sailing along
                              on a log,
                          Head up

A black bull
    and a white bird
Standing together on the shore

                          Catfish fighting for his life,
                              and winning,
                          Splashing us all

Jerônimo chora
    no outono – nenhum potro
Com uma manta

            Noite de outono em New Haven
                – o time dos Whippenpoofers
            Cantando no trem

Espreitando a lua
    de janeiro, Bodhisattva
Dá uma discreta mijada

                Uma tartaruga navegando rio abaixo
                    solitária sobre um tronco,
                Cabeça erguida

Um touro negro
    e um pássaro branco
Parados na praia, juntos

            Bagre brigando pela vida,
                e vencendo,
            Espirrando água em todos nós

The poppies!–
   I could die
In delicacy now

                    Summer night–
                        the kitten playing
                    With the Zen calendar

Trying to study sutras,
    the kitten on my page
Demanding affection

                    Hurrying things along,
                        Autumn rain
                    On my awning

All the wash
   on the line
Advanced one foot

                  That's an unencouraging sign,
                      the fish store
                  is closed

As papoulas! –
   eu poderia morrer agora
por delicadeza

                    Noite de verão –
                        o gatinho a brincar
                    Com o calendário Zen

Tentando estudar sutras,
   o gatinho na minha página
Exigindo afeto

                    Apressando tudo,
                        A chuva de outono
                    Em meu toldo

Toda a roupa
   no varal
Avançou um pé

                    É um sinal desanimador,
                       a peixaria
                       está fechada

A whole pussywillow
    over there,
Unblown

                    The moon is white–
                        the lamps are
                    Yellow

Listening to birds using
    different voices, losing
My perspective of History

                    The crickets–crying
                        for rain–
                    Again?

Gray orb of the moon
    behind silver clouds–
The Spanish moss

                    Dawn wind
                        in the spruces
                    –The late moon

Uma muda de salgueiro
   lá fora,
Sem brotar

            A lua é branca –
                as lâmpadas estão
            Amarelas

Ao escutar pássaros usando
   diferentes vozes, perco
Minha perspectiva da História

            Os grilos – gritando
                por chuva –
            De novo?

Orbe cinza da lua
   atrás de nuvens de prata –
O musgo espanhol

            Vento do amanhecer
                nos abetos
            – A lua tardia

Twilight–the bird
   in the bush
In the rain

                Ignoring my bread,
                   the bird peeking
                In the grass

Spring night–
   a leaf falling
From my chimney

                My cat eating
                   at his saucer
                –Spring moon

Rainy night
   –I put on
My pajamas

                Black bird–no!
                   bluebird–pear
                Branch still jumping

Crepúsculo – o pássaro
   na moita
na chuva

            Ignorando meu pão,
               o pássaro bica
            O gramado

Noite de primavera –
   uma folha cai
Da minha chaminé

            Meu gato come
               à sua tigela
            – Lua de primavera

Noite chuvosa
   – eu visto
Meu pijama

            Pássaro preto – não!
               pintarroxo – o galho
            Da pereira balança

Wash hung out
    by moonlight
—Friday night

      The postman is late
        —The toilet window
      Is shining

Dusk—boy
    smashing dandelions
With a stick

      Holding up my purring
        cat to the moon,
      I sighed

All day long wearing
    a hat that wasn't
On my head

      The national scene
        —late afternoon sun
      In those trees

Roupa lavada dependurada
    à luz da lua
– Sexta-feira à noite

                O carteiro atrasou
                  – A janela do toalete
                Brilha

Crepúsculo – garoto
    esmaga dentes-de-leão
Com uma vara

                Segurando meu gato
                  que ronrona sob a lua,
                Eu suspirei

O dia todo usando
    um chapéu que não estava
Na minha cabeça

                A cena nacional
                  – sol de fim de tarde
                Naquelas árvores

Glow worm sleeping
   on this flower,
Your light's on!

                August moon–oh
                   I got a boil
                On my thigh

Empty baseball field
   –A robin,
Hops along the bench

                Following each other,
                   my cats stop
                When it thunders

My rumpled couch
   –The lady's voice
Next door

                Spring evening–
                   the two
                Eighteen year old sisters

Vaga-lumes que dormem
　　nesta flor,
Suas luzes estão acesas!

　　　　　　　Luar de agosto – oh!
　　　　　　　　　Estou com um furúnculo
　　　　　　　Na minha coxa

Campo vazio de baseball
　　– Um pintarroxo
Vai saltitando na arquibancada

　　　　　　　Seguindo uns aos outros,
　　　　　　　　meus gatos se detêm
　　　　　　　Quando troveja

Meu sofá amarfanhado
　　– A voz da senhora
Da porta ao lado

　　　　　　　Tarde de primavera –
　　　　　　　　as duas
　　　　　　　Irmãs de dezoito anos

Drunk as a hoot owl
    writing letters
By thunderstorm

                Brighter than the night,
                    my barn roof
                Of snow

Gray spring rain
    —I never clipped
My hedges

                The rain has filled
                    the birdbath
                Again, almost

My rose arbor knows more
    about June
Than it'll know about winter

                Late moon rising
                    —Frost
                On the grass

Bêbado feito uma coruja
   escrevendo cartas
Durante a tempestade

                       Mais luminoso que a noite,
                           o telhado do meu celeiro
                       É de neve

Chuva cinza da primavera
   – Nunca podei
Minhas cercas vivas

                       A chuva encheu
                           o tanquinho dos pássaros
                       De novo, quase

Meu caramanchão de roseiras sabe mais
   sobre junho
Do que eu saberei sobre o inverno

                       Ergue-se a lua tardia
                           – Geada
                       Na relva

The beautiful red
   dogwood tree
Waiting for the cross

                      Bird bath thrashing,
                          by itself –
                      Autumn wind

A mother & son
    just took a shortcut
Thru my yard

                      Beautiful summer night
                          gorgeous as the robes
                      Of Jesus

Eleven quick skulks
   to Fall
And still cool

                      Woke up groaning
                          with a dream of a priest
                      Eating chicken necks

A bela e vermelha
　　árvore florida
À espera da cruz

　　　　　　O tanquinho dos pássaros
　　　　　　　a remexer-se –
　　　　　　Vento de outono

Mãe & filho
　　tomaram um atalho
Atravessando meu quintal

　　　　　　Linda noite de verão
　　　　　　　gloriosa como as vestes
　　　　　　De Jesus

Onze corridas curtas
　　Até o outono
E ainda está frio

　　　　　　Acordei gemendo
　　　　　　　por um sonho com um padre
　　　　　　Comendo pescoços de galinhas

And the quiet cat
    sitting by the post
Perceives the moon

                Ancient ancient world
                    –tight skirts
                By the new car

Waiting for the leaves
    to fall;–
There goes one!

                First frost dropped
                    all leaves
                Last night–leafsmoke

Evening coming–
    The office girl
unloosing her scarf

                The housecats, amazed
                    at something new,
                Looking in the same direction

E o gato quieto
    parado no poste
Espreita a lua

            Antigo mundo antigo
                – saias justas
            Junto ao carro novo

Esperando que as folhas
    caiam –
Aí vem uma!

            A primeira geada derrubou
                todas as folhas
            A noite passada – fumaça de folhas

Noite chegando –
    A secretária
soltando seu cachecol

            Os gatos, espantados
                com algo de novo,
            Olhando na mesma direção

The word HANDICAPPED
    sliding over snow
On a newspaper

                    Run over by my lawnmower,
                        waiting for me to leave,
                    The frog

A raindrop from
    the roof
Fell in my beer

                    A bird on
                        the branch out there
                    –I waved

Cat eating fish heads
    –All those eyes
In the starlight

                    The moon had
                        a cat's mustache,
                    For a second

A palavra ALEIJADO
    deslizando sobre a neve
Em um jornal

        Atropelado por meu cortador de grama
           esperando que eu vá embora
        O sapo

Uma gota de chuva
    do telhado
Caiu na minha cerveja

      Um pássaro no
         galho lá fora
      – Acenei

Gato comendo cabeças de peixe
    – Todos esses olhos
À luz das estrelas

      A lua ficou
        com um bigode de gato,
      Por um segundo

Seven birds in a tree,
    looking
In every direction

                      The birds
                            surprise me
                      On all sides

Cat gone 24 hours
    –A piece of his hair
Waving on the door

                      How flowers love
                          the sun,
                      Blinking there!

Asking Albert Saijo
    for a haiku,
He said nothing

                      In a Mojave dust storm
                          Albert said: "Senzeie,
                      Was a Mongolian waif"

Sete pássaros em uma árvore,
   olhando
Em todas as direções

        Os pássaros
           me surpreendem
        Por todos os lados

O gato se foi há 24 horas
   – Um pedaço do seu pelo
Acenando na porta

        Como as flores amam
        o sol,
          Piscando aí!

Pedindo a Albert Saijo
   um haicai,
Ele não disse nada

        Em uma tempestade de areia no Mojave
           Albert me disse: "Sensei,
        Foi um mongol perdido"

The summer chair
    rocking by itself
In the blizzard

                    My pipe unlit
                        beside the Diamond
                    Sutra–What to think?

February gales–racing
    westward through
The clouds, the moon

                    Among the nervous birds
                        the mourning dove
                    Nibbles quietly

Cold gray tufts
    of winter grass
Under the stars

                    Memère says: "Planets are
                        far apart so people
                    Can't bother each other."

A espreguiçadeira
  rebolando sozinha
Na tempestade de neve

   Meu cachimbo apagado
     ao lado do Sutra
   do Diamante – O que pensar?

As ventanias de fevereiro – apostando corrida
   rumo ao oeste, passando pelas
Nuvens, passando pela lua

      Entre os passarinhos nervosos
         a pomba cinzenta
      Vai bicando quieta

Frios tufos cinzentos
   da relva do inverno
Sob as estrelas

      Memère diz: "Planetas são
         tão distantes para que as pessoas
      Não possam incomodar umas às outras".

In the quiet house,
   my mother's
Moaning yawns

                Blizzard in the suburbs
                   –the mailman
                And the poet walking

Blizzard in the suburbs
   –old men driving slowly
To the store 3 blocks

                Dusk–The blizzard
                    hides everything,
            Even the night

A full November moon
   and mild,
Mary Carney

                Mild spring night–
                   a teenage girl said
                "Good evening" in the dark

Na casa quieta
    minha mãe
E seus bocejos com gemidos

                Nevasca nos subúrbios
                    – o carteiro
                E o poeta caminhando

Nevasca nos subúrbios
    – o velho dirige devagar
Até a loja a 3 quadras

                Crepúsculo – A nevasca
                    esconde tudo,
                Até mesmo a noite.

Lua cheia de novembro
    e suave,
Mary Carney

                Suave noite de primavera –
                  Uma adolescente disse
                "Boa noite" na escuridão

Spring night–the sound
   of the cat
Chewing fish heads

                I said a joke
                    under the stars
                –No laughter

(Tonight) that star
   is waving & flaming
Something awful

                Perfectly silent
                    in the starry night,
                The little tree

White rose with red
   splashes–Oh
Vanilla ice cream cherryl

                Looking for my cat
                    in the weeds,
                I found a butterfly

Noite de primavera – o som
    do gato
Mastigando cabeças de peixe

                    Eu contei uma piada
                        sob as estrelas
                    – Ninguém riu

(Esta noite) aquela estrela
    acena & flameja
Algo terrível

                  Perfeitamente silenciosa
                        dentro da noite estrelada,
                  A pequena árvore

Rosas brancas salpicadas de
    vermelhos – Ó
Ice cream de baunilha e cereja!

                  Procurando meu gato
                      nas moitas,
                  Achei uma borboleta

Churchbells ringing in town
    –The caterpillar
In the grass

                For a moment
                   the moon
              Wore goggles

Iowa clouds
    following each other
Into Eternity

                The sleeping moth–
                   he doesn't know
              The lamps turned up again

Reading my notes–
    The fly stepping from
The page to the finger

                August in Salinas–
                   Autumn leaves in
              Clothing store displays

Sinos da igreja tocam na cidade
   – a lagarta
Na grama

                    Por um momento
                        a lua
                    Usou óculos

Nuvens de Iowa
    seguindo umas às outras
Eternidade adentro

                    A mariposa adormecida –
                        ela não sabe
                    A lâmpada acendeu de novo

Lendo minhas anotações –
    A mosca pé ante pé
Da página ao dedo

                    Agosto em Salinas –
                        Folhas de outono nas
                    Vitrinas das lojas de roupas

Autumn night
 Iow moon–
Fire in Smithtown

                Full moon of October
                    –The tiny mew
                of the Kitty

Cool sunny autumn day,
    I'll mow the lawn
one last time

                A yellow witch chewing
                    a cigarette,
                Those Autumn leaves

I've turned up
    the lamp again
–The sleeping moth

                Train tunnel, too dark
                    for me to write: that
                "Men are ignorant"

Noite de outono
   lua baixa
Fogo em Smithtown

                    Lua cheia de outubro
                       – O mínimo miado
              do gatinho

Dia de outono ensolarado e fresco,
    Vou cortar a grama
pela última vez

                    Uma bruxa amarela mascando
                          um cigarro,
              Aquelas folhas de outono

Liguei a lâmpada
    outra vez
– A mariposa adormecida

                    Túnel do trem, escuro demais
                        para escrever que:
                    "Homens são ignorantes"

    The flies on the porch
        and the fog on the peaks
    Are so sad

                    The cow, taking a big
                        dreamy crap, turning
                    To look at me

    Leaves skittering on
        the tin roof
   —August fog in Big Sur

                    Terraces of fern
                        in the dripping
                    Redwood shade

    Here comes the nightly
        moth, to his nightly
    Death, at my lamp

                    Halloween colors
                        orange and black
                  On a summer butterfly

As moscas na varanda
    e a neblina nos picos
São tão tristes

        A vaca, dando uma enorme
            e sonhadora cagada, virando-se
        Para me olhar

Folhas deslizando
    no telhado de zinco
– Neblina de agosto em Big Sur

        Terraços de xaxim
            na gotejante
        Sombra das sequoias

Chegou a mariposa
    noturna, para sua morte
Noturna, em minha lâmpada

        Cores de dia das bruxas
            laranja e negro
        Em uma borboleta de verão

Fighting over a peach
   stone, bluejays
In the bushes

            Barefoot by the sea,
               stopping to scratch one ankle
            With one toe

Summer afternoon—
   impatiently chewing
The jasmine leaf

            Giving an apple
               to the mule, the big lips
            Taking hold

Bluejay drinking at my
   saucer of milk,
Throwing his head back

            The mule, turning
               slowly, rubbing his
            Behind on a log

Brigando por um caroço
   de pêssego, azulões
Nas moitas

            Descalço na praia
               parado para coçar a perna
            Com o dedão

Tarde de verão –
   mastigando impaciente
A folha de jasmim

            Dando uma maçã
               à mula, os lábios grandes
            Pegando

Pintarroxo bebendo do meu
   pires de leite,
Jogando sua cabeça para trás

            A mula, dando a volta
               devagar, esfregando o
            Traseiro em um tronco

Nibbling his ankle,
    the mule's teeth
Like kettle drum

            Front hooves spread,
                the mule scratches his
            Neck along a log

A quiet moment—
    low lamp, low logs—
Just cooking the stew

            One foot on the bar
                of soap,
            The Bluejay peeking

Quietly pouring coffee
    in the afternoon,
How pleasant!

            Bird suddenly quiet
                on his branch—his
            Wife glancing at him

Mordiscando sua anca,
   os dentes da mula
Como um tímpano

                As patas da frente bem abertas,
                   a mula coça seu
                Pescoço em um tronco

Um momento silencioso –
   lâmpada baixa, vigas baixas –
Só cozinhando o ensopado

                Um pé na barra
                   de sabão,
                O pintarroxo a bicar

Calmamente derramando café
   na tarde,
Que agradável!

                Pássaro subitamente quieto
                   em seu galho – sua
                Esposa o encara

Four bluejays quiet
    in the afternoon tree,
Occasionally scratching

            The hermit's broom,
                the fire, the kettle
            –August night

The cricket in my cellar window, this quiet
    Sunday afternoon

            As the cool evenings
                make them selves felt,
            Smoke from suburban chimneys

Cold crisp October morning
    –the cats fighting
In the weeds

            Drunken deterioration–
                ho-hum,
            Shooting star

Quatro pintarroxos quietos
   na árvore à tarde,
Ocasionalmente bicando-se

          O esfregão do eremita,
             o fogo, a chaleira
          – Noite de agosto

O grilo à janela do meu porão, nesta quieta
   Tarde de domingo

          Quando as noites frescas
             fazem-se sentir,
          Fumaça das chaminés suburbanas

Manhã gelada de outubro
   – os gatos brigam
Nas moitas

          Deterioração de bêbado –
             ho-hum,
          Estrela cadente

This October evening,
    the velvet eyes
Of Manjuri

                  Washing my face
                      with snow
                  Beneath the Little Dipper

A balloon caught
    in the tree–dusk
In Central Park zoo

                  Elephants munching
                      on grass–loving
                  Heads side by side

The stars are racing
    real fast
Through the clouds

                  Dawn–crows cawing,
                      ducks quack quacking,
                  Kitchen windows lighting

O anoitecer de outubro,
    os olhos de veludo
De Manjuri*

                   Lavando minha cara
                       com neve
                   Sob o Melro

Um balão preso
    na árvore – anoitecer
no zoológico do Central Park

                   Elefantes mascando
                       grama – cabeças
                   Amorosas, lado a lado

As estrelas correm
    bem rápidas
Através das nuvens

                   Aurora – corvos crocitam,
                     patos grasnam grasnando,
                   Janelas das cozinhas acendem-se

---

* Manjuri: discípulo de Buda, bodisatva que representa consciência, sabedoria e iluminação. (N.T.)

Breakfast done
    the tomcat curls up
On the down couch

                      Dawn–the writer who
                          hasn't shaved,
                Poring over notebooks

February dawn–frost
    on the path
Where I paced all winter

                    Blizzard's just started
                        all that bread scattered,
                And just one bird

The trees, already
    bent in the windless
Oklahoma plain

                    In the desert sun
                        in Arizona,
                A yellow railroad caboose

Café da manhã pronto,
   o gato se espreguiça
No sofá da sala

                       Aurora – o escritor que
                          não fez a barba
                 Debruçado sobre as anotações

Aurora de fevereiro – a geada
   na trilha
Na qual passeei por todo o inverno

                       A nevasca mal começou
                          todo esse pão espalhado,
                 E só um pássaro

As árvores, já inclinadas
   no ar parado
da planície em Oklahoma

                       Ao sol do deserto
                          no Arizona,
                 Um vagão amarelo de trem

The new moon
　　　　is the toe nail
　　Of God

　　　　　　　　Sunny day–bird tracks
　　　　　　　　　　& cat tracks
　　　　　　　　In the snow

　　Little pieces of ice
　　　　in the moonlight
　　Snow, thousands of em

　　　　　　　　The cat: a little
　　　　　　　　　　body being used
　　　　　　　　By a little person

　　Perfect circle round
　　　　the moon
　　In the center of the sky

　　　　　　　　Standing on the end
　　　　　　　　　　on top of the tree,
　　　　　　　　The Big Dipper

A lua nova
    é a unha do dedão
De Deus

        Dia ensolarado – pegadas de pássaros
          & rastros de gatos
      Sobre a neve

Pedacinhos de gelo
    sobre a neve
À luz da lua, aos milhares

        O gato: um corpo
          pequeno sendo usado
      Por uma pessoa pequena

Círculo perfeito ao redor
    da lua
No centro do céu

        Parado na ponta
          do topo da árvore
      O Grande Mergulhador

Who wd have guessed
 that a January moon
Could be so orange!

                        A big fat flake
                           of snow
                       Falling all alone

Dawn–the tomcat
 hurrying home
With his tail down

                      Buddhas in moonlight
                         –Mosquito bite
                    Thru hole in my shirt

After supper
 on crossed paws,
The cat meditates

                      Closing the book,
                         rubbing my eyes–
                  The sleepy August dawn

Quem adivinharia
    que uma lua de janeiro
Seria tão laranja!

                    Um floco grande e gordo
                        de neve
                  Caindo solitário

Aurora – o gato
    correndo para casa
Com sua cauda abaixada

                  Budas à luz da lua
                      – Picada de mosquito
                Pelo buraco da minha camisa

Depois de jantar
    com as patas cruzadas,
O gato medita

                  Fechando meu livro,
                      esfregando meus olhos –
                A sonolenta aurora de agosto

Resting watchfully, the cat
    and the squirrel
Share the afternoon

                The gently moving
                    leaves
                Of the August afternoon

A long island
    in the sky
The Milky Way

                Haunted Autumn visiting
                    familiar August,
                These last 2 days

Disturbing my mind essence,
    all that food
I have to cook

                Arms folded
                    to the moon,
                Among the cows

Repousando atentos, o gato
    e o esquilo
Partilhando a tarde

O suave movimento
    das folhas
Da tarde de agosto

Uma ilha comprida*
    no céu
A Via Láctea

Um outono mal assombrado
    visitando o agosto familiar,
Esses últimos 2 dias

Perturbando a essência da minha mente,
    toda essa comida
Que eu tenho que preparar

Braços cruzados
    diante da lua,
Entre as vacas

---

* Aqui, brinquei – aludi à Ilha Comprida, litoral paulista e lugar especial para alguns poetas, assim como Kerouac, certamente, alude a Long Island (cf. o original) nas cercanias de Nova York. (N.T.)

Birds flying north–
    Where are the squirrels?–
There goes a plane to Boston

                             So humid you cant
                                  light matches, like
                             Living in a tank

Barley soup in Scotland
    in November–
Misery everywhere

Pássaros voando para o norte –
Onde estão os esquilos? –
Lá vai um avião para Boston

Tão úmido que você não consegue
acender fósforos, igual a
Viver numa piscina

Sopa de cevada na Escócia
em novembro –
Miséria por todo lugar

Nodding against the wall,
   The flowers
Sneeze

That's an unencouraging sigh,
   The hop store
   Is closed   ← (dream)

The strumming of the trees
   hearkened me back
To immortal afternoon

Reading concluding parts of SWANN'S WAY
with utter amazement, the reappearance
of Swann as Gilberte's father in a
grey hat and hood in Champs-Elysées on
a winter afternoon, Ah, it's as tho I'd
lived it myself & written it — I tell
you I had an eerie sensation in Paris, of
having lived there before, suffered terribly there
it was too familiar and painful —
   Well now for the trilogy *
      BOY, YOUNG WRITER, BUDDHIST
BOY — 1922-1938
Y.W. — 1938-1953
BUST - 1953-1960
   The finale will be HERMIT (1960—?)
A pinch of the Monad oughta translate me
into the pure Serene fasten Cinnabar —
that's how the hot grass grows.

– II –

Pops do Darma

Darma – Notas em qualquer forma sobre o Darma.
LIVRO DE DARMAS

Tudo se passa no tempo presente

POP – Haicais americanos (não japoneses), poemas ou "pomos" curtos de 3 linhas, rimados ou não rimados, delineando "pequenos Samadis" se possível, usualmente com uma conotação budista, almejando a iluminação. LIVRO DE POPS.

Some of the Dharma

Usando a definição de Kerouac do Darma como a Lei das Coisas, a Verdadeira lei, a Verdade, os *Dharma Pops* são haicais em ação, como aparecem em vários livros: *Some of the Dharma* (1953-1956), *Maggie Cassidy* (1953), "Lucien Midnight / Old Angel Midnight" (1957), *Lonesome Traveler [Viajante solitário]* (1960), *Heaven & Other Poems* (1959), *Trip Trap: Haiku along the Road from San Francisco to new York* (1959), *Pomes All Sizes* (1955-1960) e *Scattered Poems* (1945-1969).

    Mad wrote curtains
        of
poetry on fire
              October 28, 1954

Dharma Pops

From Some of the Dharma (1953-1956)

    Change Su Chi's art
        studio, a silent
Shade in the window

                      The sun keeps getting
                          dimmer–foghorns
                  began to blow in the bay

Time keeps running out
    –sweat
On my brow, from playing

                      The sky is still empty,
                      The rose is still
                On the typewriter keys

    Louco, escrevi cortinas
       de
  poesia em chamas
           28 de outubro, 1954

POPS DO DARMA

DE SOME OF THE DHARMA (1953-1956)

  Mude o ateliê de
     Su Chi, uma silenciosa
  Sombra na janela

             O sol cada vez mais
                pálido – sirenes de neblina
             começam a apitar na baía

O tempo continua a correr
    – suor a escorrer
Da minha testa, de tanto brincar

             O céu ainda está vazio,
               A rosa ainda está
             Nas teclas da máquina de escrever

Rain's over, hammer on wood
    –this cobweb
Rides the sun shine

                In the sun
                      the butterfly wings
                Like a church window

In the chair
    I decided to call Haiku
By the name of Pop

                The purple wee flower
                    should be reflected
                In that low water

The red roof of the barn
    is ravelled
Like familiar meat

                Swinging on delicate hinges
                    the Autumn Leaf
                Almost off the stem

A chuva passou, martelo na madeira
   – esta teia de aranha
Cavalga o raio de sol

        Ao sol
           asas da borboleta
      Como uma janela de igreja

Na cadeira
   decidi chamar Haicai
Pelo nome de Pop

        O rubro ranúnculo
           deveria estar refletido
      Nessa água rasa

O telhado vermelho do celeiro
   fatiado
Como carne familiar

        Delicadamente dependurada
          a Folha de Outono
      Quase cai do galho

Rainy night,
    the top leaves wave
In the gray sky

        THE LIGHT BULB
            SUDDENLY WENT OUT –
      STOPPED READING

Taghagata neither loathes
    nor loves
His body's milk or shit

        Looking around to think
           I saw the thick white cloud
      Above the house

Looking up to see
    the airplane
I only saw the TV aerial

        My butterfly came
           to sit in my flower,
    Sir Me

Noite chuvosa,
   as folhas das copas das árvores acenam
Ao céu cinza

             A LUZ DA LÂMPADA
                APAGOU-SE DE REPENTE –
            PAREI DE LER

Taghagata* nem detesta
   nem ama
O leite ou a merda do seu corpo

                  Olhando ao redor e refletindo
                      eu vi a grossa nuvem branca
                  Sobre a casa

Olhando para cima para ver
   o aeroplano
Só vi a antena da TV

                Minha borboleta veio
                    sentar-se em minha flor,
            Sr. Eu

---

* Taghagata: a permanência, o não transitório, em sânscrito – ver nota da editora ao final (N.T.)

You'd be surprised
   how little I knew
Even up to yesterday

                     Two Japanese boys
                          singing
                     Inky Dinky Parly Voo

Take up a cup of water
   from the ocean
And there I am

                     Leaf dropping straight
                        In the windless midnight:
                     The dream of change

Stop slipping me
   Your old Diamond Sutra
You illimitable tight-ass!

                     Or, walking the same or different
                          paths
                     The moon follows each

Você se surpreenderia com
   o pouco que eu sabia
Mesmo até ontem

      Dois garotos japoneses
         cantando
      Inky Dinky Parly Voo

Recolha uma xícara de água
   do oceano
E lá estou eu

      Folha caindo em linha reta
         Na meia-noite sem vento
      O sonho de mudança

Pare de me enrolar
   Seu velho Sutra do Diamante
Seu chato sem limites!

      Ou, andando pelo mesmo ou por diferentes
         caminhos
      A lua segue cada um deles

Old man dying in a room–
    Groan
At five o'clock

            The mist in front
                of the morning mountains
            –late Autumn

Samsara in the morning
    –puppy yipping,
Hot motor steaming

            Praying all the time–
                talking
            To myself

The Sunny Breeze
    will come to me
Presently

            Coming from the West,
                covering the moon,
            Clouds–not a sound

Velho morrendo em um quarto –
   Gemido
Às cinco da tarde

           A névoa à frente
               das montanhas da manhã
          – fim de outono

Samsara pela manhã
   – cachorrinho gemendo
Motor ligado soltando vapor

           Rezando o tempo todo –
              falando
           Sozinho

A Brisa Ensolarada
   chegará a mim
Já

           Chegando do oeste,
             cobrindo a lua,
           Nuvens – nenhum rumor

Phantom Rose
    Lust
Is a Leopard

                I drink my tea
                    and say
                Hm hm

Dusk in the holy
    wood–
Dust on my window

                The bird came on the branch
                    –danced three times–
                And burred away

The raindrops have plenty
    of personality–
Each one

                Me, you–you, me
                    Everybody–
                He-he

Rosa Fantasma
  A Luxúria
É um leopardo

                Tomo meu chá
                    e digo
                Hm hm

Crepúsculo no sagrado
    bosque –
Poeira na minha janela

                O pássaro pousou no galho
                    – dançou três vezes –
                E sumiu

As gotas de chuva têm muita
    personalidade –
Cada uma delas

                Eu, você – você, eu
                    Todo mundo –
                He-he

Do you know why my name is Jack?
    Why?
That's why.

            Wild to sit on a haypile,
                Writing Haikus,
            Drinkin wine

Waitin for the Zipper
    4 PM—
Sun in West clouds, gold

            Gull sailing
                in the saffron sky—
            The Holy Ghost wanted it

Water in a hole
    —behold
The sodden skies

            Rain in North Carolina
                —the saints
            Are still meditating

Você sabe por que me chamo Jack?
    Por quê?
Porque sim.

        Louco para me sentar em uma pilha de feno,
           Escrevendo Haicais,
    Bebendo vinho

Esperando o Expresso
    4 da tarde –
Sol nas nuvens do oeste, ouro

        Gaivota navegando
           no céu de açafrão –
    O Espírito Santo quis assim

Água em um buraco
    – contempla
Os imutáveis céus

        Chuva na Carolina do Norte
           – os santos
    Ainda meditam

The yellow dolls bow–
    Poor lady
Is dead

                        Haiku, shmaiku, I cant
                            understand the intention
                        Of reality

I went in the woods
    to meditate–
It was too cold

                        Early morning with the
                            happy dogs–
                        I forgot the Path

What could be newer? this
    new little bird
Not yet summer fat!

                        The dog yawned
                            and almost swallowed
                        My Dharma

As bonecas amarelas se inclinam –
    Pobre senhora
Está morta

                        Haicai, shmaicai, não consigo
                            entender a intenção
                        Da realidade

Fui ao bosque
    para meditar –
Fazia frio demais

                        De manhã bem cedo com os
                            alegres cachorros –
                        Esqueci o Caminho

O que poderia ser mais novo? esse
    passarinho novo
Que ainda não engordou com o verão!

                        O cão bocejou
                            e quase engoliu
                        Meu Darma

Concatenation!–the bicycle
    pulls the wagon
Because the rope is tied

        White clouds of this steamy planet
            obstruct
        My vision of the blue void

Grass waves,
    hens chuckle,
Nothing's happening

        A spring mosquito
           dont even know
        How to bite!

All that ocean of blue
    soon as those clouds
Pass away

        Propped up on my shoe
           the Diamond Sutra–
        Propped up on a pine root

Concatenação! – a bicicleta
    puxa o vagão
Porque a corda está amarrada

            Nuvens brancas deste planeta esfumaçado
                obstruem
            Minha visão do vazio azul

Ondas de grama,
    galinhas cacarejam,
Nada acontece

            Um mosquito de primavera
                sequer sabe
            Como picar!

Todo esse oceano de azul
    assim que essas nuvens
Passarem

            Apoiado em meu sapato
                o Sutra do Diamante –
            Apoiado a uma raiz de pinheiro

Silent pipe–
    peace and quiet
In my heart

                      Why'd I open my eyes?
                            Because
                      I wanted to

There is no deep
    turning-about
In the Void

                      The pine woods
                            move
                      In the mist

There's no Buddha
    because
There's no me

                      Emptiness
                          of the Ananda glass bead,
                    Is the bowing weeds

Silencioso cachimbo –
   paz e quietude
Em meu coração

        Por que abri meus olhos?
           porque
        Eu quis

Não há volta
   das profundezas
do Vazio

        Os pinheirais
           se movem
        Na neblina

Não existe Buda
   porque
Não existe eu

        Vazio
           das contas de vidro de Ananda,
        São as ervas que se inclinam

    WARM WIND
        makes the pines
    Talk Deep

From Maggie Cassidy (1953)

                Spring dusk
                    on Fifth Avenue,
            A bird

From "Lucien Midnight/Old Angel Midnight" (1957)

    Gary (Snyder) gone from the shack
        like smoke
    –My lonely shoes

                Two ants hurry
                    to catch up
            With lonely Joe

    Hummingbird hums
        hello–bugs
    Race and swoop

                Morning sun–
                    The purple petals,
            Four have fallen

VENTO QUENTE
 faz que os pinheirais
Falem Baixo

DE MAGGIE CASSIDY (1953)

 Crepúsculo de primavera
 na Quinta Avenida,
Um pássaro

DE "LUCIEN MIDNIGHT /OLD ANGEL MIDNIGHT" (1957)

Gary (Snyder) saiu da cabana
 igual a fumaça
– Meus sapatos solitários

 Duas formigas correm
 para alcançar
O solitário Joe

Beija-flores beijam
 olá – insetos
Apostam corrida

 Sol da manhã –
 As pétalas roxas,
Quatro caíram

From Lonesome Traveler (1960, from 1957 notebook)

>Walking along the night beach,
>   —Military music
>On the boulevard.

From Heaven & Other Poems (1959)

>   The little worm
>   lowers itself from the roof
>   By a self shat thread

From Trip Trap (1959)

>Grain Elevators are tall trucks
>   that let the road
>approach them

>   Grain Elevators on
>   Saturday waiting for
>   The farmers to come home

From Scattered Poems (1945-1969, published 1970)

>Shall I say no?
>   —fly rubbing
>its back legs

De Viajante Solitário (1960, do caderno de notas de 1957)

Caminhando pela praia à noite,
– Marcha militar
No bulevar.

De Heaven & Other Poems (1959)

O vermezinho
   desce do telhado
Por um fio que ele mesmo cagou

De Trip Trap (1959)

Elevadores de Grãos são caminhões altos
   que deixaram a estrada
aproximar-se deles

Elevadores de Grãos esperando
No sábado
Fazendeiros voltarem para casa

De Scattered Poems (1945-1969, publicado em 1970)

Devo dizer não?
   – mosca esfregando
suas pernas traseiras

> The moon,
>   the falling star
> –Look elsewhere

From Pomes All Sizes (1955-1960, published 1992)

> Came down from my
>   ivory tower
> And found no world

A lua,
 a estrela cadente
– Olham para outro lugar

De Pomes All Sizes (1955-1960, publicado em 1992)

Desci da minha
 torre de marfim
E não achei mundo nenhum

– III –

1956
Pops da desolação

❦

PRIMAVERA

Haicai de Gary Snyder (Dito na montanha)

"Falando sobre a vida
    literária – os álamos
amarelos."

Está chovendo –
    acho que vou preparar
Um pouco de chá (Seu haicai)
                    Carta a Gary Snyder

A 18 de junho de 1956, talvez reproduzindo a experiência de Han Shan, o poeta chinês a quem *Os vagabundos iluminados* foi dedicado, Kerouac isolou-se no Pico da Desolação. Por 63 dias, ele refletiu sobre a natureza e escreveu no espírito do zen-budismo. Esses experimentos do haicai – frequentemente prosaicos e ocidentais como seus "Pops do Darma"– representam o esforço de Kerouac em relacionar sua solidão na montanha à natureza e à experiência mística: O manuscrito dos "Pops da Desolação" é uma reunião de 72, numerados pelo autor, datilografados; muitos se originam do caderno de notas # 1, "Pico da Desolação"; uma seleção de *Anjos da desolação* (Parte 1, 1956), cartas e cadernos de notas de 1956 também estão incluídas aqui.

Desolation Pops

(NOTE: <u>Desolation</u> is the name of the mountain … <u>Pops</u> are American free--syllabled haikus …)

>   (1)
> Morning meadow–
>   Catching my eye,
> One weed

>   (2)
>   Poor tortured teeth
>   under
>   The blue sky

>   (3)
> Ate a Coney Island
>   hamburger
> In Vancouver Washington

>   (4)
>   Run after that
>   Body–run after
>   A raging fire

>   (5)
> Work of the quiet
>   mountain, this
> Torrent of purity

Pops da Desolação

(NOTA: Desolação é o nome da montanha... Pops são haicais americanos em verso livre...)

  (1)
Prado pela manhã –
    Chegando até meu olho,
Uma erva

              (2)
       Pobres dentes torturados
              sob
       O céu azul

  (3)
Comi uma Coney Island
    de hambúrguer
Em Vancouver Washington

              (4)
       Correr atrás desse
           corpo – correr atrás
       De um incêndio selvagem

  (5)
Trabalho da quieta
    montanha, esta
Torrente de pureza

(6)
Sun on the rocks—
    a fighting snag
Holds on

(7)
A stump with sawdust
    —a place
To meditate

(8)
The smiling fish—
    where are they,
Scouting bird?

(9)
Me, my pipe,
    my folded legs—
Far from Buddha

(10)
I close my eyes—
    I hear & see
Mandala

(6)
Sol sobre os rochedos –
　uma belicosa barreira
O detém

　　　　　　　(7)
　　　　　Um toco com serragem
　　　　　　– um lugar
　　　　　Para meditar

(8)
O peixe sorridente –
　onde estão eles,
Pássaro vigilante?

　　　　　　　(9)
　　　　　Eu, meu cachimbo,
　　　　　　minhas pernas cruzadas –
　　　　　Bem longe de Buda

(10)
Fecho meus olhos –
　ouço & vejo
Mandala

(11)
The clouds assume
 as I assume,
Faces of hermits

(12)
Satisfied, the pine
 bough washing
In the waters

(13)
Content, the top trees
 shrouded
In gray fog

(14)
Bred to rejoice,
 the giggling
Sunshine leaves

(15)
Cradled and warm,
 the upper snow,
The trackless

(11)
As nuvens assumem
    assim como eu assumo
Faces de eremitas

                (12)
            Satisfeito, o ramo
                de pinheiro lavando-se
            Nas águas

(13)
Contentes, as mais altas árvores
    envoltas
Em névoa cinza

                (14)
            Criadas para o gozo,
              as sorridentes
            Folhas ao sol

(15)
Aninhada e terna,
    a mais alta neve,
Aquela sem rastros

(16)
Everlastingly loose
    and responsive,
The cloud business

(17)
Everywhere beyond
    the Truth,
Empty space blue

(18)
The mountains
    are mighty patient,
Buddha-man

(19)
Ship paint
    on
An old T-shirt

(20)
Snow melting,
    streams rushing–
Lookouts leave the valley

(16)
Perpetuamente à vontade
  e receptivo,
O negócio das nuvens

(17)
Por todo lugar para além
  da Verdade,
O azul do espaço vazio

(18)
As montanhas
  são poderosamente pacientes,
Homem-Buda

(19)
Tinta do navio
  em
Uma velha camiseta

(20)
Neve que derrete,
  regatos que jorram –
Vigias deixam o vale

(21)
Man–nothing but
   a
Rain barrel

(22)
Debris on the lake
   –my soul
Is upset

(23)
Gee last night–
   dreamed
Of Harry Truman

(24)
There's nothing there
   because
I don't care

(25)
In the late afternoon
   peaks, I see
The hope

(21)
Cara – nada mais que
   um
Barril de chuva

                        (22)
                    Lixo no lago
                       – minha alma
                    Está chateada

(23)
Ora essa, a noite passada –
   sonhei
Com Harry Truman

                        (24)
                    Não há nada lá
                      porque
                Pouco estou ligando

(25)
Nos picos do entardecer,
   eu vejo
A esperança

(26)
The top of Jack
    Mountain–done in
By golden clouds

(27)
Hmf–Ole Starvation Ridge
    Is
Milkied o'er

(28)
All the insects ceased
    in honor
Of the moon

(29)
The taste
    of rain–
Why kneel?

(30)
Full moon, white snow,–
    my bottle
Of purple jello

(26)
O topo da Jack
    Mountain – foi-se
Entre nuvens douradas

(27)
    Hmmmm – O velho Cume Starvation,
        derramaram
    leite em cima dele

(28)
Todos os insetos pararam
    em homenagem
À lua

(29)
    O gosto
        da chuva –
    Por que me ajoelhar?

(30)
Lua cheia, neve branca, –
    minha garrafa
De geleia roxa

(31)
I'm so mad
　　I could bite
The mountaintops

(32)
Hot coffee
　　and a cigarette–
why zazen?

(33)
Aurora Borealis
　　over Hozomeen–
The void is stiller

(34)
Nat Wills, a tramp
　　–America
In 1905

(35)
I'm back here in the middle
　　of nowhere–
At least I think so

(31)
Estou tão louco
 que poderia morder
Os topos das montanhas

(32)
Café quente
 e um cigarro –
Meditação zen pra quê?

(33)
Aurora Borealis
 sobre Hozomeen –
O vazio está mais quieto

(34)
Nat Wills, um vagabundo
 – América
Em 1905

(35)
Estou de volta a este lugar no meio
 do nada –
Ao menos, acho que é

(36)
Poor gentle flesh–
 there is
No answer

    (37)
    The storm,
        like Dostoevsky
    Builds up as it lists

(38)
What is a rainbow,
 Lord?–a hoop
For the lowly

    (39)
    Get to go–
        fork a hoss
    And head for Mexico

(40)
Late afternoon–
 the mop is drying
On the rock

(36)
Pobre delicada carne –
 não há
Nenhuma resposta

(37)
A tempestade,
 como Dostoevsky*
Cresce ao adernar

(38)
O que é um arco-íris,
 Senhor? – um arco
Para os humildes

(39)
Tenho que ir –
 pegar o embalo
E pra frente pro México

(40)
Fim da tarde –
 o esfregão seca
Na pedra

---

* Mantive a ortografia descuidada de Kerouac. (N.T.)

(41)
Late afternoon–
　my bare backs
Cold

(42)
Wednesday blah
　blah blah–
My mind hurts

(43)
Kicked the cupboard
　and hurt my toe
–Rage

(44)
Late afternoon–
　it's not the void
That changed

(45)
Sex–shaking to breed
　as
Providence permits

(41)
Fim da tarde –
 minhas costas nuas
Com frio

(42)
Quarta-feira blá
 blá blá –
Minha mente dói

(43)
Chutei a despensa
 e machuquei o dedão
– Raiva

(44)
Fim da tarde –
 não é o vazio
Que mudou

(45)
Sexo – sacudindo para parir
 quando
A Providência permite

(46)
M'ugly spine–the loss
    of the kingdom
Of Heaven

                    (47)
            Thunder in the mountains–
                the iron
            Of my mother's love

(48)
Thunder and snow–
    how
We shall go!

                    (49)
            The days go–
                They cant stay–
            I don't realize

(50)
The creamer gives,
    the groaner quakes–
the angel smiles

(46)
Dor na coluna – a perda
    do reino
Do Céu

                    (47)
            Trovão nas montanhas –
                o ferro elétrico
            Do amor da minha mãe

(48)
Neve e trovão –
    como
Iremos?

                (49)
        Os dias passam –
            Eles não podem ficar –
        Eu não entendo

(50)
A geladeira
    geme –
o anjo sorri

(51)
A million acres
　　of Bo-trees
And not one Buddha

(52)
Oh moon,
　　such dismay?
—Earths betray

(53)
Skhandas my ass!
　　—it's not
Even that

(54)
The moon
　　is a
Blind lemon

(55)
Rig rig rig—
　　That's the rat
On the roof

(51)
Um milhão de hectares
 de árvores Bo*
E nenhum Buda

(52)
Ó lua,
 tamanho desânimo?
– A Terra trai

(53)
Skhandas** meu rabo!
 – e nem mesmo
Isso

(54)
A lua
 é um
Limão cego

(55)
Rig rig rig –
 É o rato
Roendo o telhado

---
* Bo-tree, árvore Bo: a árvore sagrada sob a qual Buda meditou. (N.T.)
** No budismo, cinco funções constitutivas do homem; fonte do sofrimento. (N.T.)

(56)
Made hot cocoa
　at night,
Sang by woodfire

　　　　　　　(57)
　　　　　I called Hanshan
　　　　　　in the mountains
　　　　　—there was no answer

(58)
What passes through
　is amusing
Himself being dew

　　　　　　　(59)
　　　　　I called Hanshan
　　　　　　in the fog–
　　　　　Silence, it said

(60)
I called–Dipankara
　instructed me
By saying nothing

(56)
Fiz chocolate quente
   à noite,
Cantei em frente à fogueira

(57)
Chamei Hanshan*
   nas montanhas
– não veio resposta

(58)
O que transita
   tem graça
Se for orvalho

(59)
Chamei Hanshan
   na neblina –
Silêncio, respondeu

(60)
Chamei – Dipankara**
   instruiu-me
Nada dizendo

---
* Han Shan: o grande poeta budista chinês. Ver Introdução. (N.T.)
** Dipankara, um dos Budas celestiais. (N.T.)

(61)
I rubbed my bearded
　　cheek and looked in
The mirror–Ki!

　　　　　　(62)
　　　Mists blew by, I
　　　　　Closed my eyes,–
　　　Stove did the talking

(63)
"Woo!"–bird of perfect
　　balance on the fir
Just moved his tail

　　　　　　(64)
　　　Bird was gone
　　　　　and distance grew
　　　Immensely white

(65)
Misurgirafical & plomlied
　　–ding dang
The Buddha's gang

(61)
Esfreguei minha bochecha
  barbada e me olhei no
Espelho – Ki!*

                (62)
          A névoa passou com o vento, eu
            Fechei meus olhos –
    O fogão falou

(63)
"Uau!" – pássaro do perfeito
  equilíbrio no abeto
Acabou de mexer a cauda

                (64)
         O pássaro se foi
            e a distância cresceu
         Imensamente branca

(65)
Misurgiráfico & chapado
  – dingue dangue
A gangue de Buda

---

* Energia, em chinês. (N.T.)

(66)
Your belly's too big
    for your
Little teeth

(67)
But the Lost Creek trail
    they dont believe
Is in existence any more

(68)
Blubbery dubbery
    the chipmunk's
In the grass

(69)
Big wall of clouds
    from the North
Coming in–brrrr!

(70)
Aurora borealis
    over Mount Hozomeen–
The world is eternal

(66)
Sua barriga é muito grande
    para seus
Dentes pequenos

(67)
Mas a Trilha do Riacho Perdido
    eles não acreditam mais
Que ainda exista

(68)
Frutinhas e mais frutinhas
    o esquilo
Na grama

(69)
Paredão de nuvens
    do norte
Chegando – brrrr!

(70)
Aurora boreal
    sobre o Monte Hozomeen –
O mundo é eterno

(71)
Chipmunk went in
   –butterfly
Came out

(72)
Holy sleep
   –Hanshan
Was right

(71)
Esquilo entrou
    – borboleta
Saiu

                    (72)
            Santo sono
                – Hanshan
            Estava certo

FROM DESOLATION ANGELS (1956)

    On Starvation Ridge
        little sticks
    Are trying to grow

                Hitch hiked a thousand
                      miles and brought
                You wine

    A bubble, a shadow–
        woop–
    The lightning flash

                Mist boiling from the
                      ridge–the mountains
                Are clean

    Mist before the peak
        –the dream
    Goes on

                The sound of silence
                      is all the instruction
                You'll get

DE ANJOS DA DESOLAÇÃO (1956)

    Em Starvation Ridge
        pequenos tocos
    Tentam crescer

                Peguei carona por mil
                    milhas e lhe trouxe
                Seu vinho

    Uma bolha, uma sombra –
        uau –
    O clarão do relâmpago

                Névoa desce fervendo do
                    topo – as montanhas
                Estão limpas

Névoa diante do pico
    – o sonho
Prossegue

                O som do silêncio
                    é toda a instrução
                Que você receberá

Desolation, Desolation,
    wherefore have you
Earned your name?

        While meditating
           I am Buddha–
        Who else?

Desolation, Desolation,
    so hard
To come down off of

        Mayonnaise
           mayonnaise comes in cans
        Down the river

Girls' footprints
    in the sand
–Old mossy pile

        Wooden house
           raw gray–
        Pink light in the window

Desolação, Desolação,
 por isso você
Mereceu seu nome?

                Enquanto medito
                  Eu sou Buda –
              Quem mais?

Desolação, Desolação,
 tão duro
Descer aqui daí

                Maionese –
                  maionese chega em latas
              Rio abaixo

Rastros da garota
 na areia
– Velho montículo musgoso

                Casa de madeira
                  só cinza –
              Luz rósea à janela

    Neons, Chinese restaurants
        coming on–
    Girls come by shades

From Notebooks and Letters

                New aluminum
                    grammar school
                In old lamplight

Napoleon in bronze
    the burning Blakean
mountains

                Velvet horses
                    in the valley auction–
                Woman sings

River wonderland–
    The emptiness
Of the golden eternity

                No imaginary judgments
                  of form,
                The clouds

    Neons, restaurantes chineses
       chegando –
    Garotas vêm pela sombra

De Cadernos de Notas e Cartas

            Nova escola gramatical
              de alumínio
            Na velha luz de lampião

Napoleão feito de bronze
    – incendeiam-se as montanhas
de Blake

            Cavalos de veludo
              no leilão do vale –
            Uma mulher canta

País das maravilhas dos rios –
   O vazio
Da eternidade dourada

            Nada de julgamentos imaginários
              da forma,
            As nuvens

Butterfat soil
    of the valley–
Big black slugs

                God's dream,
                    It's only
            A dream

America: fishing licenses
    the license
To meditate

                Reflected upsidedown
                    in the sunset lake, pines,
            Pointing to infinity

All I see is what
    I see–
Red fire sunset

                She loves Lysander
                    not Demetrius–
            Who?–Hermia

Solo gorduroso
    do vale –
Enormes lesmas negras

        O sonho de Deus
          É apenas
      Um sonho

América: licenças para pescar
    e licença
Para meditar

        Refletidos de ponta cabeça,
           no lago ao pôr do sol, pinheiros,
      Apontando para a infinitude

Tudo o que vejo é
    o que eu vejo –
Pôr do sol de rubro incêndio

        Ela ama Lisandro
          não Demétrio –
      Quem? – Hérmia*

---

* Lisandro, Demétrio, Hérmia, personagens de *Sonho de uma noite de verão* de Shakespeare. (N.T.)

I don't care
　　　　what
　　　thusness is

　　　　　　　Alpine fir with
　　　　　　　　　snowcap't background–
　　　　　　　It doesn't matter

　　　Late afternoon–
　　　　　the lakes sparkle
　　　Blinds me

　　　　　　　I made raspberry fruit jello
　　　　　　　　　The color of rubies
　　　　　　　In the setting sun

　　　Ah who cares?
　　　　I'll do what I want–
　　　Roll another joint

　　　　　　　Sixty sunsets have I seen
　　　　　　　　　revolve on this perpendicular hill

Não me importa saber
   o que é
causalidade*

        Pinheiro alpino com
           alva neve ao fundo –
        Pouco importa

Fim de tarde –
   a cintilação do lago
Me cega

        Fiz raspadinha de geleia de frutas
           Cor de rubis
        Ao sol poente

Ah, quem está ligando?
   Faço o que quero –
Enrole mais uma bagana

        Sessenta poentes eu vi
           revolverem-se nesta colina perpendicular

---

* Kerouac usa o termo na acepção budista. (N.T.)

        Nirvana, as when the rain
            puts out a little fire

                            Sunday–
                                the sky is blue,
                            The flowers are red

The red paper
    waves for the breeze
–the breeze

                            Flowers
                                aim crookedly
                            At the straight death

Nirvana, como quando a chuva
   apaga uma pequena fogueira

                    Domingo –
                       o céu é azul,
                    As flores estão vermelhas

O papel vermelho
   balança à brisa
– a brisa

                    Flores
                       olham torto
                    Para sua própria morte

– IV –

1957
Haicais de estrada

VERÃO

SF é a poesia de uma Nova Loucura Sagrada como aquela dos tempos antigos (Li Po, Han Shan, Tom O Bedlam, Kit Smart, Blake), contudo, também tem aquela disciplina mental tipificada pelo haicai (Bashô, Buson), ou seja, a disciplina de apontar coisas de modo direto, puro, concreto, nada de abstrações ou explicações, wham wham a pura canção azul do homem.

The Origins of Joy in Poetry

Eis um fértil grupo de haicais, muitos escritos quando Kerouac viveu na cabana de Philip Whalen em Berkeley, de 16 de maio a 11 de junho de 1957. Antes de 5 de setembro, quando *On the Road* foi notoriamente saudado como "uma autêntica obra de arte" marcando "uma ocasião histórica" pelo *The New York Times*, o que o catapultou para o reconhecimento nacional, as cadernetas de anotações de Kerouac contêm entradas com haicais escritos em Nova York, Tânger, Aix-en-Provence, Londres, outra vez em Nova York, Berkeley, México e Orlando. Como mostram cadernos e cartas desse período, Kerouac exortou-se a escrever haicais, atento aos métodos tradicionais.

Road Haikus

Moon behind
    Black clouds–
Silver seas

                        Coffee beans!
                            –Methinks I smell
                        The Canaries!

Highest perfect fool–
    the wisdom
Of the two-legged rat

                        Abbid abbayd ingrat
                            –Lighthouse
                        On the Azores

A bottle of wine,
    a bishop–
Everything is God

                        "You and me"
                            I sang
                        Looking at the cemetery

HAICAIS DE ESTRADA

    Lua por trás de
        Nuvens negras –
    Mares de prata

                Grãos de café!
                    – Acho que estou cheirando
                As Ilhas Canárias!

    O mais elevado e perfeito parvo –
        a sabedoria
    Do rato bípede

                Ingrata abadia da baía
                    – Farol
                Nos Açores

    Uma garrafa de vinho,
        um bispo –
    Tudo é Deus

                "Eu e você"
                    Cantei
                Olhando o cemitério

Shall I heed God's commandment?
    –wave breaking
On the rocks–

                Shall I break God's commandment?
                      Little fly
                Rubbing its back legs

Blowing in an afternoon wind,
    on a white fence,
A cobweb

                Spring is coming
                      Yep, all that equipment
                For sighs

The vigorous bell-ringing priest
    the catch in the harbor

                Rock rosed–behind the Casbah
                      the sun has disappearing act

Devo eu obedecer aos mandamentos de Deus?
　– onda a quebrar
Nas pedras –

　　Devo eu romper com os mandamentos de Deus?
　　　Pequena mosca
　　A esfregar suas pernas traseiras

Ao sopro do vento da tarde,
　em uma cerca branca,
Uma teia de aranha

　　A primavera está chegando,
　　　É isso aí, todo o equipamento
　　Para suspiros

O vigoroso padre que toca o sino
　a caçada no cais

　　Róseo rochedo – atrás da Casbah
　　　o sol encena seu desaparecimento

Three pencils arranged,
    Three minutes,
Sambaghakaya, Nirvanakaya, Dharmakaya

        "The wind agrees with me
           not the sun"–
        Washlines

The barking dog–
    Kill him
With a bicycle wheel

        Man dying–
           Harbor lights
        On still water

The microscopic red bugs
    in the sea-side sand
Do they meet and greet?

        Hand in hand in a red valley
           with the universal schoolteacher–
        the first morning

Três lápis arrumados,
    Três minutos,
Sambaghakaya, Nirvanakaya, Dharmakaya*

        "O vento concorda comigo,
           não o sol" –
        Varais de roupa

O cão que late –
    Mate-o
Com uma roda de bicicleta

        Homem que morre –
           Luzes do cais
        Na água parada

Os microscópicos insetos vermelhos
    na areia da praia
Cumprimentam-se quando se encontram?

        De mãos dadas em um vale vermelho
           com o mestre-escola universal –
        A primeira manhã

---

* Trecho em sânscrito: o verdadeiro Samagha, o verdadeiro Nirvana, o verdadeiro Darma. Ver notas da organizadora ao final. (N.T.)

Old man of Aix
    white hair, beret–
Gone up the Cezanne street

            Who cares about the pop-off trees
                of Provence?–
            A road's a road

Somebody rang my bell
    I said who?
O it doesn't worldly care

            O Sebastian, where art thou?
                Pa, watch over us!
            Saints, thank you!

Lonesome blubbers
    grinding out the decades
With wet lips

            Full moon in the trees
                –across the street,
            the jail

Velho em Aix
    cabelo branco, boné –
Subiu a Rua Cézanne

        Quem está ligando para os pinheiros
           da Provença? –
        Uma estrada é uma estrada

Alguém tocou minha campainha
    Eu disse quem foi?
Ó, tanto faz

        Ó Sebastian*, onde estás?
           Pai, olha por nós!
        Santos, obrigado!

Solitários que choramingam
    blefando as décadas
Com lábios úmidos

        Lua cheia nas árvores
           – atravessando a rua,
        a cadeia

---

* Sebastian Sampas, amigo de Kerouac morto durante a Segunda Guerra. (N.T.)

My friend standing
    in my bedroom–
The spring rain

                Moth sleeping
                    on the newly plastered wall
                –the spring rain

The jazz trombone,
    The moving curtain,
–Spring rain

                Greyhound bus,
                    flowing all night,
                Virginia

My flashlight,
    where I put it this afternoon
Twisted away in sleep

                The book
                    stands all by itself
                on the shelf

Meu amigo parado
    no meu quarto de dormir –
A chuva da primavera

            Mariposa dormindo
                na parede recém-rebocada
            – a chuva da primavera

O trombone do jazz,
    A cortina que se mexe,
– Chuva de primavera

            Ônibus da Greyhound,
                navegando a noite toda,
            Virgínia

Minha lanterna de pilha,
    onde a deixei esta tarde
Arremessei-a durante o sono

            O livro
                fica em pé sozinho
            na prateleira da estante

My hand,
    A thing with hairs,
rising and failing with my belly

                      Here comes
                            My dragon–
                  goodbye!

Loves his own belly
    The way I love my life,
The white cat

                      The little white cat
                          Walks in the grass
                      With his tail up in the air

The white cat
    Is green in the tree shade,
Like Gauguin's horse

                    The dregs of my coffee
                          Glisten
                  In the morning light

Minha mão,
    Uma coisa cabeluda,
subindo e caindo com minha barriga

                    Aí vem
                          Meu dragão* –
                    Adeus!

Ama sua própria barriga
    Assim como eu amo minha vida,
O gato branco

                    O gatinho branco
                        Caminha na relva
                    Com sua cauda erguida no ar

O gato branco
    É verde à sombra da árvore,
Assim como o cavalo de Gauguin

                    A borra do meu café
                        Cintila
                    À luz da manhã

---

* Para o significado desse dragão (chinês), ver nota da organizadora, ao final. (N.T.)

Haiku! Haiku!
    Still wears a bandage
Over his injured eye!

                How'd those guys
                    get in here,
                those two flies?

The backyard I tried to draw
    –It still looks
The same

                The son who wants solitude,
                    Enveloped
                In his room

All these sages
    Sleep
With their mouths open

                I hate the ecstasy
                    Of that rose,
                That hairy rose

Haicai! Haicai!
    Ainda usa uma atadura
Sobre seu olho machucado!

                    Como foi que essa gente
                         entrou aqui,
                    essas duas moscas?

O quintal que tentei desenhar
    – Ainda parece
O mesmo

                    O filho que quer solidão,
                        Envelopou-se
                        Em seu quarto

Todos esses sábios
    Dormem
De boca aberta

                    Odeio o êxtase
                        Dessa rosa,
                    Dessa rosa peluda

May grass–
> Nothing much
To do

> > A pussywillow grew there
> > At the foot
> Of the breathless tree

The earth keeps turning
> like a dreary
Immortal

> > Gary Snyder
> > is a haiku
> far away

On the sidewalk
> A dead baby bird
For the ants

> > How that butterfly'll wake up
> > When someone
> Bongs that bell!

Relva de maio –
    Não há muito
A fazer

        Uma muda de salgueiro cresceu aqui
          No pé
        Da árvore sem ar

A terra continua a girar
    como um abominável
Imortal

      Gary Snyder
        é um haicai
      bem longe

Na calçada
    Um passarinho morto
Para as formigas

      Como aquela borboleta vai acordar
        Quando alguém
      Soar esse sino!

Waving goodbye,
    The little girl,
Backing up

                Why explain?
                    bear burdens
                In silence

The ant struggles escaping
    from the web–
The spider's non-comment

                The mind of the flower
                    regards my mind
                Externally

Buddha laughing
    on Mt. Lanka!
Like Jimmy Durante!

                The flowers don't seem
                    to mind
                the stupid May sunshine

Acenando adeus,
    A menininha,
Recuando

                Por que explicar?
                    aguente o fardo
            Em silêncio

A formiga se debate para escapar
    da teia –
A aranha, sem comentários

                A mente da flor
                    encara minha mente
            Externamente

Buda dando risadas
    no Monte Lanka!
Igual a Jimmy Durante!

                As flores não parecem
                  se importar
            com o estúpido sol de maio

    The rose moves
        like a Reichian disciple
    On its stem

                Suddenly the official
                    goes cross eyed
            And floats away

    The strumming of the trees
        reminded me
    Of immortal afternoon

                Forever and forever
                    everything's alright–
                midnight woods

    Voices of critics
        in the theater lobby–
    A moth on the carpet

                Birds chirp
                    fog
                Bugs the gate

A rosa se mexe
    como um discípulo de Wilhelm Reich
Em seu talo

            Subitamente, o funcionário público
                se torna estrábico
            E sai boiando

O dedilhar das árvores
        lembrou-me
De uma tarde imortal

                Para sempre e sempre
                    tudo estará bem –
                árvores à meia-noite

Vozes dos críticos
    no saguão do teatro –
Uma mariposa no carpete

                Pássaros chilreiam
                    neblina
                Engole a ponte

My Japanese blinds
    are down–
I'm reading about Ethiopia

                My Christ blinds
                    are down–
                I'm reading about Virgin

Winking over his pipe
    the Buddha lumberman
Nowhere

                The Golden Gate
                    creaks
                With sunset rust

Smell of burning leaves,
    The quiet pool at evening
In August

                April mist–
                    under the pine
                At midnight

Minhas cortinas japonesas
    estão fechadas –
Estou lendo sobre a Etiópia

                Minhas cortinas de Cristo
                    estão fechadas –
                  Estou lendo sobre a Virgem

Piscando sobre seu cachimbo
    o madeireiro Buda
Em lugar algum

                A ponte Golden Gate
                    estala
                Com a ferrugem do pôr do sol

Cheiro de folhas queimando
    A quieta piscina ao entardecer
Em agosto

                Névoa de abril –
                  sob o pinheiro
                À meia-noite

Drizzle–
   Midnight pine,
I sit dry

                    Wet fog
                       shining
                  In lamplit leaves

Spring day–
   in my mind
Nothing

                    Late April
                       dusk bluster–
                    Lions & lambs

The train speeding
   thru emptiness
–I was a trainman

                    The trees are putting on
                       Noh plays–
                    Booming, roaring

Chuvisco –
    Pinheiro da meia-noite,
Sento no seco

        Névoa úmida
          brilhando
        Em folhagens à luz de lâmpadas

Dia de primavera –
    em minha mente
Nada

        Fim de abril
          arroubos do anoitecer –
        Leões & cordeiros

O trem veloz
    através do vazio
– Eu fui um ferroviário

        As árvores estão lançando brotos
          teatro Noh –
        Estourando, bramindo

Train on the horizon–
    my window
rattles

                      Mist falling
                          –Purple flowers
                      Growing

Trem no horizonte –
   minha janela
matraqueia

                    Baixa a neblina
                       – Roxas flores
                    Crescem

– V –

1958-1959
Haicais da Geração Beat

🍁

OUTONO

"Geração Beat significa uma geração que passou para a eternidade.... O último tremor de uma folha, na hora de ser uma coisa só com o tempo todo, um súbito clarão da vermelhidão na queda de outono. ...A geração beat sabe tudo de haicais...."

"The Beat Generation" (1958)

Ao longo desse período, Kerouac vivia em Orlando e Northport. Por volta de 1958, o termo "Geração Beat", cunhado havia dez anos, perdera seu sentido para o grupo de escritores próximos a Kerouac e estava sendo usado de modo pejorativo pelos críticos. Preparando a publicação de *Os vagabundos iluminados*, Kerouac continuou a escrever haicais, mas também refluía para o alcoolismo. A série "A Geração Beat", posta no começo desta seção, marca seu trabalho mais irado e subjetivo através do gênero haicai.

Beat Generation Haikus

Red light on pingpong–the fire engine screams
On my hat /a big shit – the crow flies.
Under my hat / a big shit–the crow flies.

The beat generation knows all about haikus and we're now going to present you with a few sample haikus,

HAICAIS DA GERAÇÃO BEAT

Pingue-pongue de luzes vermelhas – o carro de
                                        bombeiros geme
Sobre meu chapéu / um monte de merda – voa o corvo.
Sob meu chapéu / um monte de merda – voa o corvo.

A geração beat sabe tudo de haicais, e agora vamos apresentar-lhe algumas amostras desses haicais,

Autumn nite–
Lucien's wife
Playing the guitar

                Autumn nite–
                the boys
                playing haiku.

Autumn nite–
my mother cuts her throat

                Autumn nite
                      –Lucien leans to Jack
                on the couch.

Autumn nite–
my mother remembers
my birth.

                Late autumn nite
                the last faint cricket.

Noite de outono –
A mulher de Lucien*
Tocando violão

        Noite de outono –
        os garotos
        tocando haicais.

Noite de outono –
minha mãe corta sua garganta

        Noite de outono
           – Lucien inclina-se sobre Jack
        no sofá.

Noite de outono –
minha mãe lembra
meu nascimento.

        Noite de fim de outono
        o último desfalecido grilo.

---

* Lucien Carr, velho amigo de Kerouac. (N.T.)

The little sparrow on the eave drainpipe
My heart flutters

        These little gray sparrows on the roof
        I'll shoot my editor.

I gotta make it in terms / that anyone can understand /
Did I tell ya about my nightmare?

        Cloudy autumn nite
        –cold water drips
        in the sink.

Autumnal
Cowflops–
but a man must
make a living.

        Autumnal cowflops–
          a man
        Makes a living.

O pequeno pardal na calha do telhado
Meu coração palpita

        Esses pequenos pardais cinza no telhado
        Vou dar um tiro no meu editor.

Tenho que fazer isso em termos/ que todo mundo entenda/
Já te contei sobre meu pesadelo?

        Noite nublada de outono
        – pingos de água gelada
        na pia.

Outonais
Bostas de vaca –
mas um homem tem que
dar um jeito na vida.

        Outonais bostas de vaca –
            um homem
        Dá um jeito na vida.

Walking down road with Allen–
    Walking down the road in Autumn.

                Walking down the road
                    with Allen
                –An old dream
                    the same dream.

Autumn night stove
–I've never been
on a farm before.

                Jack reads his book
                aloud at nite
                –the stars come out.

Brokenback goodshit
Heap bigshot
among the Birchtrees.

Walking down the road with dog
–a crushed leaf

Caminhando estrada afora com Allen –
   Caminhando estrada afora no outono.

                  Caminhando estrada afora
                       com Allen
                     – Um velho sonho
                        o mesmo sonho.

Fogareiro da noite de outono
– Eu nunca estive
antes numa fazenda.

                        Jack lê seu livro
                        em voz alta à noite
                        – estrelas despontam.

Bosta espalhada, meu Deus
Em montões
entre as bétulas.

Caminhando estrada afora com o cachorro
– uma folha esmagada.

Walking with the dog on the road
—a crooked leaf.

        Walking down the road with Jack—
        a crushed snake.

Walking down the road
with dog—
a crushed snake.

        Walking down the road / a crushed snake.
        autumn
        Red trees—

Red trees—
the dog tears at
an old itch.

        Fall trees
        Dog knocks old itch

        ****

Caminhando com o cachorro estrada afora
– uma folha amassada.

    Caminhando estrada afora com Jack –
    uma cobra esmagada.

Caminhando estrada afora
com o cachorro –
uma cobra esmagada.

    Caminhando estrada afora / uma cobra esmagada.
    outono
    Árvores vermelhas –

Árvores vermelhas –
o cão chora
numa velha coceira.

    Árvores de outono
    O cão se debate com uma velha coceira

    ****

Puddles at dusk
    —one drop
fell

                              Lilacs at dusk
                                  —one petal
                              fell

On Desolation
    I was the alonest man
in the world

                              Moon in the
                                  bird bath–
                            One star too

I don't care–
    the low yellow
Moon loves me

                              High noon
                                in Northport
                            –Alien shore

Poças d'água ao crepúsculo
   – uma gota
caiu

                Violetas ao crepúsculo
                   – uma pétala
                caiu

No Pico da Desolação
   eu fui o homem mais solitário
do mundo

                Lua no
                      tanquinho de pássaros –
                Uma estrela também

Não ligo –
   a baixa lua
Amarela me ama

                Meio-dia em ponto
                  em Northport
                – Praia alienígena

    The night
        is red
  with stars

                        Glow worms
                            brightly sleeping
                        On my flowers

    Wind too strong
        –empty nest
  At midnight

                        My blue spruce
                            in the pale
                        Haze dusk

  August Moon Universe
      –neither new
  Nor old

                        The Angel's hair
                            trailed on my chin
                        Like a cobweb

A noite
   é rubra
e estrelada

               Vaga-lumes
                   dormindo luminosos
               Em minhas flores

Vento forte demais
   – ninho vazio
À meia-noite

               Meu abeto azul
                   na pálida
               Névoa do anoitecer

Universo da Lua de Agosto
   – nem novo
Nem velho

               O cabelo do Anjo
                   seguiu por meu queixo
               Como fios de teia de aranha

Stare intently
    at my candle
–Pool of wax

                    September raindrops
                        from my roof–
                    Soon icicles

Night rain–neighbors
    Arguing loud voices
In next house

                    Four in morning–
                        creak my mother
                    In her bed

Lay the pencil
    away–no more
thoughts, no lead

                    To the South,
                        in the moonlight,
                    A sash of cloud

Encarar intensamente
    minha vela
– Lagoa de cera

              Gotas de chuva de setembro
                 do meu telhado –
              Logo pedras de gelo

Chuva à noite – vizinhos
    Discutindo alto
Na casa ao lado

              Às quatro da madrugada –
                 minha mãe range
              Em sua cama

Largar o lápis
    – nada de pensamentos,
nenhuma linha a mais

              Ao sul,
                 à luz da lua,
              Uma cinta de nuvens

    June–the snow
        of blossoms
  On the ground

                        The mansion of
                            the moon
                      Has hidden faces

  Ah, the crickets
      are screaming
at the moon

                        The tree moving
                            in the moonlight
                      Wise to me

Middle of my Mandala
    –Full moon
In the water

                      At night
                          The girl I denied
                      Walking away

Junho – a nevasca
    de flores
No chão

            A mansão
              da lua
            Tem faces ocultas

Ah, os grilos
    gritam
para a lua

            Árvore que se move
              à luz da lua
            Para mim, sábia

O Meio da minha Mandala
    – Lua cheia
Na água

            À noite
              A garota a quem neguei
            E que vai embora

My hands on my lap
    June night,
Full moon

                      Full moon–
                          Pine tree–
                    Old house

Trees cant reach
    for a glass
Of water

                    Three little sparrows
                        on the roof
                  Talking quietly, sadly

Big books packaged
    from Japan–
Ritz crackers

                    The full moon–
                        the cat gone–
                  My sleeping mother

Minhas mãos no meu colo
    Noite de junho,
Lua cheia

           Lua cheia –
              Pinheiro –
           Casa velha

Árvores não alcançam
    um copo
D'água

           Três pequenos pardais
              no telhado
           Conversam silenciosos, tristes

Pacotes de livrões
    vindos do Japão –
Bolachinhas

           A lua cheia –
              o gato que se foi –
           Minha mãe que dorme

Reading the sutra
    I decided
To go straight

            One drop from
                the blue spruce–
            two more drops

Spring moon
    on 2nd Avenue
–girl in white coat

            Spring evening–
                hobo with hard on
            Like bamboo

Water in the birdbath
    –a film of ice
On the moon

            Snow on the grape
                arbor–the little
            dead raisins

    Ao ler o sutra
      Eu decidi
Seguir em frente

                  Um pingo d'água
                      do abeto azul –
                mais duas gotas

Lua de primavera
    na Segunda Avenida
– garota de casaco branco

                Noite de primavera –
                    um mendigo de pau duro
              Como um bambu

Água no tanquinho de pássaros
    – uma película de gelo
Na lua

                Neve nas videiras –
                as pequenas
                passas mortas

Buds in the snow
    –the deadly fight
between two birds

                        Desk cluttered
                            with mail–
                        My mind is quiet

Drinking wine
    –the Queen of Greece
on a postage stamp

                        Playing basketball
                            –the lady next door
                        Watching again

New neighbors
    –light
In the old house

                        Just woke up
                            –afternoon pines
                        Playing the wind.

Brotos sobre a neve
   – o combate mortal
entre dois pássaros

                        Mesa bagunçada
                           de cartas –
                       Minha mente está quieta

Bebendo vinho
   – a Rainha da Grécia
em um selo postal

                        Jogando basquete
                           – a senhora da casa ao lado
                        Espiando de novo

Vizinhos novos
   – luz
Na velha casa

                        Acabei de acordar
                           – os pinheirais da tarde
                        Brincam ao vento.

Gray day–
    the blue spruce
Is green

                            Bach through an open
                                dawn window–
                          the birds are silent

Sweet birds, chordless
    except in another
Clime

                              A half a tsphah
                                  is worse
                          than none

At the birds
    at dawn,
my mother and father

                            Answered a letter
                                and took a hot bath
                          –Spring rain

Dia cinza –
   o abeto azul
Está verde

               Bach através de uma janela
                  aberta ao amanhecer –
             os pássaros estão quietos

Doces pássaros, desconectados
     exceto em outro
Clima

               Meio tchan
                   é pior
            do que nenhum

Ah, os pássaros
    ao amanhecer,
minha mãe e meu pai

               Respondi a uma carta
                  e tomei um banho quente
             – Chuva de primavera

    You paid yr homage
        to the moon,
    And she sank

                  Sun shining on
                      A distant mountain
                –the low moon

    OO a continent
        in a birdbath–
    April full moon

                  Waiting with me for
                      the end of this ephemeral
                Existence–the moon

    Pink petals on
        gnarly Japanese twigs
    In rain

                In the lovely sun
                    reading lovely
              Haikus–Spring

Você prestou sua homenagem
    à lua,
E ela afundou

                Sol brilhando em
                      Uma distante montanha
                – a lua baixa

ÓÓ um continente
    no tanquinho dos pássaros –
Abril lua cheia

                À espera comigo pelo
                    fim desta efêmera
                Existência – a lua

Pétalas róseas em
    nodosos galhos japoneses
na chuva

                Ao sol encantador
                    lendo encantadores
                Haicais – Primavera

Some trees still
    have naked winter look
—Spring day

                              Sitting in the sun,
                                  no bugs yet—
                              Yellow clover

My corncob pipe
    hot from
the sun

                              The white chair is
                                  holding its arms out
                              to Heaven—dandelions

Spring night—
    the neighbor hammering
In the new old house

                              A bird pecking kernels
                                  on a grassy hillside
                              Just mowed

Algumas árvores ainda
    exibem a nudez do inverno
– Dia de primavera

        Sentado ao sol,
            insetos ainda não chegaram –
        Trevo amarelo

Meu cachimbo de sabugo
    quente
do sol

        A cadeira branca
            estende seus braços
        ao Céu – dentes-de-leão

Noite de primavera –
    o vizinho martelando
Em sua nova casa velha

        Um pássaro bica caroços
            em uma encosta coberta de relva
        Recém-cortada

Night—six petals
    have fallen from
Bodhidharma's bouquet

                             Shooting star!—no,
                                     lightning bug!—
                             ah well, June night

Lost cat Timmy—
    he wont be back
In a blue moon

                             After the shower
                                 my cat meowing
                             on the porch

After the shower
    the red roses
In the green, green

                             The leaves, fighting
                                 the empty sky—
                             No clouds helping

Noite – seis pétalas
   que caíram do
ramalhete de Bodhidharma

                    Estrela cadente! – não,
                       Vaga-lume! –
                    ah, bem, noite de junho

Timmy, o gato perdido –
   ele não retornará
Em uma lua azul

                    Após a chuva
                       meu gato miando
                    na varanda

Após a chuva
   as rosas rubras
no verde, verde

                    As folhas, combatendo
                       o céu vazio –
                    Nenhuma nuvem para ajudar

The cat musing
　　along the ground–
cold gray day

　　　　　　Red roses, white
　　　　　　　　clouds, blue sky,
　　　　　　In my birdbath

The robin on
　　the television antenna,
Something on his beak

　　　　　　Roses! Roses!
　　　　　　　　robin wants his
　　　　　　Evening bath!

Second thundershower
　　over–the sun
Is still high

　　　　　　Worm is looking
　　　　　　　　at the moon,
　　　　　　Waiting for me

O gato olhando
    o assoalho –
cinzento dia frio

                    Rubras rosas, brancas
                        nuvens, céu azul
                    Em meu tanquinho de pássaros

O pintarroxo na
    antena de TV,
Algo em seu bico

                    Rosas! Rosas!
                        o pintarroxo quer seu
                    Banho vespertino!

A segunda tempestade
    passou – o sol
Ainda está alto

                    Minhoca que olha
                        a lua,
                    À minha espera

Thunderstorm over
    –there! The light
is on again

        My cat's asleep
           –poor little angel,
      the burden of flesh!

Men and women
    Yakking beneath
the eternal Void

        Girl trapped beneath the
           steering wheel, beautiful
      As the Dalai Lama's dream

The droopy constellation
    on the grassy hill–
Emily Dickinson's Tomb

        Am I a flower
           bee, that you
      Stare at me?

Tempestade que passou
   – veja só! A luz
ligada outra vez

            Meu gato adormecido
               – pobre anjinho,
         o peso da carne!

Homens e mulheres
   Tagarelando sob
o eterno Vazio

            Garota presa sob o
                volante, bela
            Como o sonho do Dalai Lama

A constelação caída
   na colina coberta de relva –
Túmulo de Emily Dickinson

            Sou uma flor
               abelha, para você
            Me encarar assim?

Walking over the water
    my shadow,
Heavier than lead

                    I woke up
                        –two flies were boffing
                    On my forehead

Cool breezy morning
    –the cat is rolling
On his back

                    Early morning gentle rain,
                        two big bumblebees
                    Humming at their work

Summer night–
    I put out
The empty milk bottle

                    Alone, in old
                        clothes, sipping wine
                    Beneath the moon

Caminhando sobre a água
   minha sombra,
Mais pesada que chumbo

      Eu acordo
         – duas moscas se enfrentam
      Sobre minha testa

Manhã de brisa fria
   – o gato rola
Sobre suas costas

      Chuva suave de manhã bem cedo,
         duas enormes abelhas
      Zumbem enquanto trabalham

Noite de verão –
   Deixo do lado de fora
A garrafa de leite vazia

      Só, vestindo
         roupas velhas, bebericando vinho
      À luz da lua

Autumn eve–my
    mother playing old
Love songs on the piano

                        Oh another weekend's
                            started–people squeaking
                        On U-turning tires

Staring at each other,
    Squirrel in the branch,
Cat in the grass

                        After the earthquake,
                            A child crying
                        In the silence

Little frogs screaming
    in the ditch
At nightfall

                        After a year and a half
                            finally saw the rat,
                        Big and fat

Noite de outono – minha
    mãe tocando velhas
Canções de amor no piano

        Oh, começou mais um
           fim de semana – gente
        Fazendo seus pneus ranger nas curvas

Encarando-se,
    Esquilo no galho,
Gato na grama

        Após o terremoto,
           Uma criança chora
        No silêncio

Pequenos sapos que gritam
    na valeta
Ao anoitecer

        Após um ano e meio
           finalmente vi o rato,
        Grande e gordo

"The old pond, yes!
    —the water jumped into
By a frog"

                Nose hairs in the moon
                    —My ass
                Is cold

Mexico—After the dim
    markets, bright
San Juan Letran

"A velha lagoa, sim!
   – sua água jogada para dentro
Por um sapo"

                    Pelos das narinas na lua
                       – Minha bunda
                    Está fria

México – Depois dos sombrios
    mercados, a luminosa
San Juan Letran

– VI –

1960-1966
Haicais de Northport

❄

INVERNO

Então chegará o inverno, quando serei um eremita silencioso escrevendo apenas haicais, como Hardy*, ou ao menos silenciosas sonatas derradeiras parecidas com haicais & conclusivas sinfonias espirituais e técnicas sem a angústia da juventude.

Diário

---

* Kerouac refere-se a Thomas Hardy, autor de *Judas, o obscuro* e outras narrativas magistrais. (N.T.)

As fontes desses haicais são blocos de anotações, mantidos em Northport e Orlando, e cadernos de rascunhos datados de 1961 a 1965. Em uma carta de outubro de 1961 para Lawrence Ferlinghetti, Kerouac torna explícita sua esperança de publicar um *Livro de haicais* pela City Lights. No começo de 1964, Kerouac havia enviado a Fernanda Pivano uma seleção de haicais, entre outros poemas, para uma antologia de poesia norte-americana a ser publicada em Milão, mas reconsiderou tal publicação. Também estão incluídos nesta seção haicais de outra série de 1964, publicados postumamente como "Haicais de Northport". Conforme o pintor e morador de Northport Stanley Twardowicz, Kerouac os escreveu enquanto o artista fazia o retrato de Jack. Parecem ter sido escritos do ponto de vista do gato de Kerouac, enquanto ele estava bêbado.

Northport Haikus

Two cars passing
   on the freeway
–Husband and wife

                                October night, lights
                                    of Connecticut towns
                                Across the sound

Apassionata Sonata
   –hiballs, gray
Afternoon in October

                                Hot tea, in the cold
                                    moonlit snow–
                                a burp

Sunday in a bar
   in Woodland Calif.
–One noon beer

                                Racing westward through
                                    the clouds in the howling
                                wind, the moon

Haicais de Northport

Dois carros passando
pela rodovia
– Marido e mulher

Noite de outubro, luzes
das cidades de Connecticut
Através do som

Sonata Apassionata
– uísque & soda, cinzenta
Tarde de outubro

Chá quente, no frio
da neve à luz da lua –
arroto

Domingo em um bar
em Woodland, Califórnia
– Uma cerveja ao meio-dia

Disparando para o oeste através
das nuvens, no vento
uivante, a lua

The whiteness of the houses
    in the moon
Snow everywhere

                Windows rattling
                    in the wind
                I'm a lousy lover

Oh I could drink up
     The whole Yellow River
In my love for Li Po!

                The falling snow–
                    The hissing radiators–
                The bride out there

In enormous blizzard
    burying everything
My cat's out mating

                In enormous blizzard
                    burying everything–
                My cat turned back

A brancura das casas
    à luz da lua
Neve por todo lugar

           Janelas batendo
                 ao vento
           Sou um amante desastrado

Ó eu poderia beber
    Todo o Rio Amarelo
Em meu amor por Li Po!

            A neve que cai –
                Os aquecedores que assobiam –
            A noiva lá fora

Na enorme nevasca
    soterrando tudo
Meu gato lá fora, acasalando-se

             Na enorme nevasca
                 soterrando tudo –
             Meu gato voltou

Spring night—the gleam
    of the fish head eye
In the grass

                Too hot to write
                    haiku—crickets
                and mosquitoes

Sometimes they sleep
    with their lights on,
the June bugs

                My critics jiggle
                    constantly like
                Poison ivy in the rain

Dusk now—
    what's left of
An ancient pier

                Two clouds kissing
                    backed up to look
                At each other

Noite de primavera – o brilho
   do olho da cabeça do peixe
Na grama

                       Quente demais para escrever
                          haicais – grilos
                            e mosquitos

Às vezes eles dormem
   com suas luzes acesas,
os besouros de junho

                       Meus críticos se sacodem
                          constantemente como
                       Urtigas na chuva

Crepúsculo, agora –
   o que sobrou de
Um antigo ancoradouro

                       Duas nuvens que se beijavam
                        recuaram para olhar-se
                       Uma à outra

In the middle of
　　　　　the corn, a new
　　　Car slithering

　　　　　　　　　Horse waving his tail
　　　　　　　　　　in a field of clover
　　　　　　　　　At sundown

　　　The clouds are
　　　　following each other
　　　Into Eternity

　　　　　　　　　Mule on the seashore
　　　　　　　　　　　One thousand foot
　　　　　　　　　Bridge above

　　　The bird's still on top
　　　　of that tree,
　　　High above the fog

　　　　　　　　　Temple trees
　　　　　　　　　　across the creek
　　　　　　　　　—Fog blowing

No meio do trigal,
   um carro novo
Vai derrapando

                  Cavalo que abana a cauda
                     no campo com pastagens
                  Ao pôr do sol

As nuvens seguem-se
   umas às outras
Eternidade adentro

                  Mula à beira-mar
                     A trezentos metros de altura
                  Na ponte

O pássaro ainda está no topo
   da copa da árvore,
Bem acima da neblina

                  Jasmineiros
                     ao longo do córrego
                  – Neblina soprando

One flower
    on the cliffside
Nodding at the canyon

                    A long way from
                          The Beat Generation
                    In the rain forest

Huge knot in the
    Redwood tree
Looking like Zeus' face

                    How cold!–late
                        September basebal–
                the crickets

Leaves failing everywhere
    In the November
Midnight moonshine

                    Free as a pine
                      goofing
                  For the wind

Uma flor
    na ribanceira
Acenando para o desfiladeiro

        Um longo caminho desde
          A Geração Beat
        Pela floresta tropical

Nó enorme na
    Sequoia gigante
Parecendo o rosto de Zeus

        Que frio! – final
          de setembro com beisebol! –
        as cigarras

Folhas que caem por todo lugar
    Em novembro
Ao luar da meia-noite

        Livre como um pinheiro
          de bobeira
        Ao vento

High in the Sky
    the Fathers Send Messages
From on High

                Walking on water wasn't
                Built in a day

Autumn night
    Salvation Army sign
On a cold brick building

                Crisp wind
                    My tired limbs
                Relaxed before the coals

Spring rain
    Kicking stones
An arrowhead

                Winter–that
                    sparrow's nest
                Still empty

De lá do Alto do Céu
    os Pais Mandaram Mensagens
Lá de Cima

            Caminhar sobre as águas
                Não foi trabalho de um dia só

Noite de outono
    Placa do Exército da Salvação
Em um frio prédio de tijolos

                Vento fresco
                    Meus membros cansados
                Relaxam diante das brasas

Chuva de primavera,
    Chutando pedras
Uma ponta de flecha

                Inverno – aquele
                    ninho de pardais
                Ainda vazio

Snow in my shoe
    Abandoned
Sparrow's nest

        November's New Haven
           baggagemaster stiffly
        Disregards my glance

Big drinking & piano
    parties–Christmas
Come and gone–

        A current pimple
           In the mind's
        Old man

Sleeping on my desk
    head on the sutras,
my cat

        The moon is moving,
           thru the clouds
        Like a slow balloon

Neve no meu sapato
    Aquele ninho de pardais
Abandonado

        Novembro em New Haven
            de cara feia, o carregador de bagagens
        Ignora minha olhada

Festas de bebedeira
    & piano – O Natal
Chegou e já se foi –

        Uma espinha na cara
            Da mente
        Do velho

Dormindo à minha mesa
    a cabeça nos sutras,
meu gato

        A lua se move
            através das nuvens
        Como um lento balão

Chou en Lai, his briefcase
    should be fulla leaves,
For all I know

                And as for Kennedy–
                    in Autumn he slept
                By swishing peaceful trees

Thanks to Coolidge,
    Hoover–but Autumn,
Roosevelt done America in

                Everyone of my knocks
                    disturbs my daughter
                Sleeping in her December grave

Ah Jerusalem–how many
    Autumn saints slaughtered
Thee with Christ?

Chu en Lai*, sua pasta
    devia estar cheia de folhagens,
Até onde sei

    Quanto a Kennedy –
        no outono ele dormiu
    Junto a pacíficas árvores sussurrantes

Graças a Coolidge,
    Hoover** – mas o outono,
Foi Roosevelt quem enfiou a América nele

    Cada um dos chatos dos meus críticos
        perturba o sono
    Da minha filha que dorme em seu túmulo de dezembro

Ah, Jerusalém – quantos
    Santos de outono tu massacraste
em nome de Cristo?

---

* Premiê da República Popular da China, de 1949 a 1976. (N.T.)
** Calvin Coolidge e Herbert Hoover, presidentes dos Estados Unidos, respectivamente de 1923 a 1929, e de 1929 a 1933. (N.T.)

A bird hanging
   on the wire
At dawn

        Ah, Genghiz Khan
           weeping–where
      did Autumn go?

Christ on the Cross crying
   –his mother missed
Her October porridge

        The cows of Autumn–
           laughing along the fence,
      Roosters at Dawn

The son packs
   quietly as the
Mother sleeps

        Yellow halfmoon cradled
           among the horizontal boards
      Of my fence

Um pássaro dependurado
    ao fio
Ao amanhecer

            Ah, Genghiz* Khan
                chorando – para onde
            foi o outono?

Cristo na Cruz chorando
    – sua mãe sentiu falta
Da sua sopa dos pobres de outubro**

            As vacas de outono –
                rindo ao longo da cerca,
            Galos que cantam na Madrugada

O filho faz as malas, bem
    quieto, enquanto a
Mãe dorme

            Meia-lua amarelada embalada
                nas tábuas horizontais
            Da minha cerca

---

* Grafia do próprio Kerouac, Genghiz em vez de Gengis. (N.T.)
** Há uma tradição escocesa de oferecer mingau, "porridge", um sopão, aos pobres a 10 ou 11 de outubro. (N.T.)

    Frogs don't care
        just sit there
    Brooding on the moon

                    Dawn–the first
                        robins singing
                    To the new moon

    The wind sent
        a leaf on
    the robin's back

                    The carpenter of spring
                        the Zen
                    of hammer and nail

    Spring night
        the silence
    Of the stars

                    Yard tonight an eerie
                        moon leafshroud
                  A midsummernight's dream

Sapos não ligam
    só ficam sentados aí
Meditando ao luar

        Aurora – os primeiros
            pintarroxos cantando
        Para a lua nova

O vento enviou
    uma folha nas
costas do pintarroxo

        O carpinteiro da primavera
            o Zen
        do martelo e prego

Noite de primavera
    o silêncio
Das estrelas

        No quintal, esta noite, que
            esquisito, mortalha de folhas e luar
        O sonho de uma noite de verão

Haydn's creation or
    Coleman Hawkins, I can
Fix em just right

            The racket of the starlings
                in the trees–
            My cat's back

Ooh! they kicked up
    a cloud of dust!
The birds in my yard

            Haiku my eyes!
                my mother is calling!

Close your eyes–
    Landlord knocking
On the back door

            A quiet Autumn night
                and these fools
            Are starting to argue

A Criação de Haydn ou
    Coleman Hawkins, não consigo me entender
Com nenhum dos dois

                Os bandos de estorninhos
                    nas árvores –
                Meu gato voltou

Óóó! eles jogaram para o alto
    uma nuvem de pó!
Os passarinhos no meu quintal

                Haicai uma ova!
                    minha mãe está chamando!

Feche seus olhos –
    O senhorio está batendo
À porta dos fundos

                Uma quieta noite de outono
                    e esses malucos
                Estão começando a discutir

    Lonely brickwalls in Detroit
        Sunday afternoon
piss call

                O for
                    Vermont again–
            The barn on an Autumn night

Wish I were a rooster
    and leave my sperm
On the sidewalk, shining!

                In Hakkaido a cat
                    has no luck

Every cat in Kyoto
    can see through the fog

                I'll climb up a tree
                    and scratch Katapatafataya

Solitárias paredes de tijolos em Detroit
    Domingo à tarde
vontade de mijar

            Oh, de novo
                para Vermont –
            O celeiro em uma noite de outono

Queria ser um garanhão
    e deixar meu esperma
Na calçada, brilhando!

            Em Hokkaido um gato
                não tem sorte

Cada gato em Kyoto
    é capaz de enxergar na neblina

            Vou subir em uma árvore
                e coçar Katapatafataya

    If I go out now,
        my paws
    will get wet

                          Kneedeep, teeth
                              to the blizzard,
                      My cat gazing at me

Kneedeep in the
    blizzard, the ancient
Misery of the cat

                          Surprising cat fight
                              In the parlor on a
                      Blustery September night

Rain-in-the-Face
    looks from the hill:
Custer down there

                          Sitting Bull adjusts
                              his girdle: the smell
                      Of smoking fish

Se eu sair agora,
    meus pés
se molharão

                    Agachado, arreganhando os dentes
                         para a nevasca,
                    Meu gato me encara

Agachada na
    nevasca, a antiga
Miséria do gato

                    Surpreendente briga de gatos
                        na sala em uma
                    Rancorosa noite de setembro

Chuva-na-Cara
    olha desde a colina:
Custer lá embaixo

                    Touro Sentado ajusta
                         sua cinta: o cheiro
                    De peixe defumado

The fly, just as
    lonesome as I am
In this empty house

                              The other man, just as
                                    lonesome as I am
                              In this empty universe

A mosca, tão
    solitária como eu
Nesta casa vazia

                      O outro homem, tão
                          solitário como eu
                      Neste universo vazio

Notas

I. Livro de haicais
   Na pasta preta de Kerouac havia uma carta para uma Miss Kupferberg; nem lugar nem a data constam. Havia, também, instruções, bem como certa quantidade de haicais: desde "O pequeno pardal" até "Elevadores de grãos, esperando".
   "Penso que esses poucos haicais (poemas japoneses de 3 linhas) seriam adequados a seus propósitos, pois são eminentemente simples para crianças lerem e para adultos compreenderem & no entanto não são rasos (como o pede a forma do haicai).... p.s. Como deve saber, haicais sempre parecem melhores em 2 ou 3 por página, com desenhos, como desenhos a pincel, levemente abstratos."

Dois carros passando Nota de JK: uma reescrita de Buson Nota do editor: Os comerciantes em viagem; Passando um pelo outro / Na lagoa do verão.

Os moinhos de vento e *Elevadores de grãos, esperando* / – são caminhões altos / – na / – Em um caderno de notas de 1963, estão escritos à mão em prosa.

Veneradas contas no cantar Nota do Editor: Este e "Ouçam os pássaros a cantar" Nota de JK: "LIVRO DE HAICAIS" (coletando-os)

Em meu armário de remédios Nota de JK: (com Dody) Nota do Editor: refere-se a Dody Muller

O castelo dos Gandharvas Nota do Editor: Carta a Carolyn Cassady, 17/05/54: "só pensamos que estamos morrendo quando morremos. É como o castelo dos Gandharvas, castelos no ar .... um mundo refletido em um espelho – o fim."

Gengis Khan olha bravo Nota do Editor: De 1965: "Um filme com Genghiz Khan deve começar com ele caminhando bêbado nas estepes sozinho, & quando chega ao grande acampamento mongol ele só entra em uma tenda e vai sentar-se – acaba que é sua própria tenda (Os guardas a cavalo & a escolta o seguiram a noite toda em seu potro bêbado) ... "

Chefe Cavalo Louco   NOTA DE JK: "Dentro meu melhor haicai" Carta a Allen Ginsberg e Peter Orlowsky, 28/12/61

Noite de outono em New Haven /– o time dos Whippenpoofers / Cantando no trem   NOTA DO EDITOR: Dentro da cobertura da capa da edição em brochura da Avon de *The Air-Conditioned Nightmare* de Henry Miller que pertencia a Kerouac, o seguinte, a lápis: Noite de outono / Os motoristas embebedando-se / No toalete feminino, e Noite de outono / o motorista exaltado / Garrafa na mão.

Uma tartaruga navegando só   NOTA DO EDITOR: Esse e os seguintes, "Um touro negro" e "Bagre brigando pela vida" foram tirados de seu caderno de anotações de 1961 com   NOTA DE JK: HAICAIS NO RIO ST. JOHN (SITUAÇÕES)

As papoulas!–   NOTA DE JK: HAICAI

"As flores das papoulas
Quanta calma
Elas sentiam."
            –ETSUJIN (eu poderia morrer agora por delicadeza)

Apressando tudo,   Carta a Lawrence Ferlinghetti, 23/10/61 NOTA DE JK: Ou um LIVRO DE HAICAIS com meus desenhos, como este, veja (informal, leveza de Karumi)"   NOTA DO EDITOR: [queria que ele publicasse o *Livro de haicais*]

É um sinal desanimador,   NOTA DE JK: (sonho) [var. É um sinal animador]

Seguindo umas às outras,   NOTA DO EDITOR: Em uma carta a Allen seguindo "toda essa gangue de B[lack] M[ountain] está cheia de merda ... "

Atropelado por meu cortador de grama,   NOTA DE JK: "O q Bashô diria se soubesse que o cortador de grama de Jack Kerouac atropelou um sapo? (ele apenas foi empurrado – na turfa emaranhada – não cortado, ou esmagado, ou qualquer coisa) / Eu atropelei o sapo, resolvi ir viver no mato e deixar as coisas como estão, entre os animais, – gramados, ora essa!"

A espreguiçadeira   NOTA DO EDITOR: Ver Shiki: "Ninguém lá;/ Uma cadeira de vime à sombra; / Agulhas de pinheiro caídas"

Lua cheia de novembro/   [var. Maggie Cassidy], o nome fictício dado por Kerouac a Mary Carney

Noite de primavera – o som   NOTA DE JK: "Isso não o faz sentir a primavera? cabeças de peixe frescas, também. Você devia tê-lo visto fazer schlomp com os olhos"

Um floco grande gordo   Nota de JK: Carta a Lois Sorrels "E bem agora, quando eu estava pensando em sua nova ideia de um poema, EU VI um haicai pela janela"

Uma ilha comprida   Nota de JK: "Agora, o haicai norte-americano – Haicai é 'um mundo de significado em uma miniatura', como Blythe diz"

Como: "Orvalho leitoso –
  sobre o campo de batatas,
A Via Láctea" – Shiki

Sopa de cevada na Escócia   Nota do Editor: Blyth observa que "outono de cevada é o verão", no qual fazendeiros cortam, amontoam e empilham uma imagem de saúde e vitalidade, em contraste com a miséria.

II. Pops do Darma

Taghagata nem detesta   refere-se ao imutável e imóvel em todas as coisas

Caminhando ao longo da praia à noite,   Nota de JK: "passei a noite toda caminhando pela praia com vinho – a música incluiu selvagens gaitas de fole árabes, bem alto e loucas, bem diferentes das gaitas de fole escocesas" (Tânger)

Devo dizer não?   Nota do Editor: Ver, de Issa, "oh, não a esmague / a mosca esfrega as mãos / esfrega os pés"

III. 1956: Pops da Desolação PRIMAVERA

Pobres dentes torturados   Nota de JK: "(haicai pensado na estrada na carona que consegui de JCity para alcançar Portland, Jack Fitzgerald, pintor pequeno e loiro com sapatos borrifados de tinta & 4 latas de cerveja gelada, nós as tomamos & mais outra em uma taverna com garçom doce e sincero)"

Aurora Borealis / sobre Hozomeen –   Nota de JK: Haicai para Gary

Fim da tarde –   Nota do Editor: sequência em prosa em *Vagabundos iluminados*

Quarta-feira blá   Nota do Editor: Ver capítulo 34 de *Vagabundos iluminados*, parágrafo final: "Adicionei 'Blá', com um pequeno sorriso, porque sabia que a cabana e a montanha entenderiam..."

Skhandas meu rabo!   refere-se ao nascimento, velhice, morte, duração e mudança.

Chamei – Dipankara   Buda lendário precedendo aquele histórico.

Nirvana, como quando a chuva   NOTA DE JK PARA ROBERT LAX, 26/10/54: "É o que Nirvana significa NIRVIA (apagado), estado de apagamento, estado de completa extinção."

IV. 1957: HAICAIS DA ESTRADA VERÃO

Três lápis arrumados,... Samaghakaya, Nirvanakaya, Dharmakaya representam os três corpos possuídos por Buda

O vento concorda comigo   NOTA DE JK: "(um haicai muito sossegado fino sonolento)"

O cão que late –   NOTA DE JK: "(haicai louco, haicai lunático)"

De mãos dadas em um vale vermelho   Com "A primeira manhã – de mãos dadas com o mestre-escola universal / em um vale vermelho" Kerouac conclui: "Haicais devem ser espontâneos acima de tudo, assim, fico com a primeira versão" – Terça-feira, 4 de abril de 1957

Solitários que choramingam   NOTA DE JK: "(*crooners* no rádio)"

O trombone do jazz,   NOTA DE JK: falando de "esverdeado" saquei um grande haicai por Buson: "As flores do dióspiro; / aquelas que caíram ontem / Parecem amareladas"

Aí vem / Meu dragão – / adeus!   Carta a Peter, Allen e Bill, 07/06/57
NOTA DE JK: "Quanto a mim, agora estou lendo a TRADUÇÃO COMPLETA da Escritura Lanka Vatara, que agora me está iluminando para valer, por Suzuki, e acabei de ler o Livro dos Chineses Imortais todo ele sobre antigos sábios chineses que eram *junkies* em suco Dourado e cinábrio* e depois que eles morriam o povo só encontraria um sapato em seu túmulo e repentinamente lá em cima eles iam em um dragão ... nunca morriam!"

O quintal que tentei desenhar   NOTA DE JK: ou, melhor ainda, por Buson "O rouxinol está cantando, / Seu pequeno bico / Aberto."

O filho quer solidão,   NOTA DE JK: "(que acabei de escrever) talvez um haicai, mas a razão pela qual, não sei – (talvez apenas soe como um haicai) –"

Na calçada / Um passarinho morto   Carta a Peter, Allen, Bill, 07/06/57

NOTA DE JK:

Nuerishi de
Suzuma no hariku
Roko Kana

---

* *Cinnabar*, no original – também conhecido como Sangue de Dragão, resina vermelha. (N.T.)

(Esse pardal saltita
ao longo da varanda,
Com patinhas molhadas)
(Shiki)

Como aquela borboleta vai acordar   NOTA DO EDITOR: haicai paródico; ver, de Buson, "No sino pendente / Empoleirou-se e dorme profundamente / Uma borboleta!"

Buda dando risadas   Carta a Peter, Allen e Bill, 07/06/57: "Uma paródia do senryu (todo mundo ESTÁ no ato – JK)

V. 1958-1959 HAICAIS DA GERAÇÃO BEAT OUTONO

Outonais bostas de vaca – um homem [variante: mas um homem]
NOTA DO EDITOR: Kerouac pode ter respondido a J. Donald Adams em sua coluna "Speaking of Books" [falando de livros] do *New York Times*, a 18 de maio de 1958, na qual Adams opinou que "Beat Generation" deveria ser renomeada "bleat generation"*, pois "balir é um som monótono.... e eu acho que os membros desse grupo são mais efetivos [como indutor do sono] que a receita tão recomendada de contar carneiros silenciosos pulando uma cerca." Daí a imagética rural de Kerouac.

Árvores de outono – [do rolo manuscrito "On the Beat Generation", 6 de novembro de 1958]   NOTA DE JK: "(um haicai da Geração Beat)"

Meio da minha Mandala   Mandala é um círculo, uma representação de forças cósmicas.

Árvores não alcançam   Carta a Philip Whalen, 12 de junho de 1958: "Eu acho que haicais norte-americanos nunca deveriam ter mais de 3 palavras por linha..."

Três pequenos pardais   Carta a Philip Whalen, começo de novembro de 1958: "Então ele (DT Suzuki) disse, 'Vocês, jovens, sentem-se aqui e fiquem quietos escrevendo haicais enquanto eu vou fazer um chá verde'... Eu escrevi um haicai para ele:"

Meio tchan   NOTA DE JK: "Haicai de Paul Bowles"

Você prestou sua homenagem   NOTA DE JK: "para meu gato: (fora, à noite):–"

Noite – seis pétalas   Bodidarma foi um patriarca e professor budista do século V ou VI.

---

* *To bleat* significa balir, e também choramingar, lamentar-se. (N.T.)

Garota presa sob o   Dalai Lama é um professor, um símbolo da
reencarnação.

A constelação caída   NOTA DO EDITOR: Carta a Philip Whalen, 16/01/56: "Haicai é bonito mas é pequeno, quero dizer, há um milhão de haicais em uma boa obra em prosa e um milhão de haicais na Grande Emily Dickinson também – eles até rimam!"

Só, vestindo / roupas velhas,   NOTA DE JK: "uma série de haicais bêbados, incoerentes"

Após o terremoto,   NOTA DE JK: "(terremoto na Cidade do México, 1957)"

"A velha lagoa, sim!   NOTA DE JK: – Bashô, minha transliteração. NOTA DO EDITOR: Ver "atropelado por meu cortador de grama"; e *Uma centena de sapos* por Hiroaki Sato

VI. 1960-1966 HAICAIS DE NORTHPORT INVERNO

Livre como um pinheiro   Carta a Philip Whalen, 15/03/59: "Você é o único que nunca gritou comigo por 'beber demais'..."

Caminhar sobre as águas   NOTA DE JK: "(disse eu de cogumelos)" NOTA DO EDITOR: Allen Ginsberg sugeriu a Jack que participasse das pesquisas de Timothy Leary com psicotrópicos no início dos anos de 1960. Essa linha foi um resultado.

O VENTO ENVIOU   NOTA DE JK: "Me dei conta hoje de que sou capaz de escrever haicais melhores considerando primeiro a situação do haicai em francês –" ASSIM: –   NOTA DO EDITOR: Ver também, de Bashô, "Espetando o cogumelo / A folha / De alguma árvore desconhecida"

Óóó! eles jogaram para o alto   NOTA DE JK: "[uma série de haicais incoerentes e bêbados]"

O outro homem, tão   NOTA DO EDITOR: Ver, de Bashô, "Volte-se para cá; / Eu também estou só, / Neste entardecer de outono"

Fontes dos haicais originais

Material inédito

Book of Haikus, folder.
Pocket Notebooks, data indicada quando possível.
"Desolation Pops 1956" (manuscrito inédito)
"On the Beat Generation", 6 de novembro de 1958 (manuscrito em rolo)
"Beat Generation Haikus", ensaio, Biblioteca de Livros Raros e Manuscritos, Universidade de Colúmbia.
"Old Angel Midnight/ Lucien Midnight" manuscrito, 1957, Berg Collection, Biblioteca Pública de Nova York.
"Northport Haikus" (panfleto impresso, Beat Sun Press, 1964)
Working Notebooks 1961-1965, Berg Collection, Biblioteca Pública de Nova York.

Cartas (publicadas e inéditas)

Selected Letters 1940-1956, editado por Ann Charters. Nova York: Viking, 1995.
Selected Letters 1957-1969, editado por Ann Charters. Nova York: Viking, 1999.
Letter to Peter Orlovsky, *Allen Ginsberg, Bill Burroughs*, 6/7/57. Ginsberg Collection, Biblioteca de Livros Raros e Manuscritos. Universidade de Colúmbia.
Letter to Joyce Johnson, June 11, 1957. *Door Wide Open*, Nova York: Viking, 2000.
Letter to Gary Snyder, 1/12/58. Gary Snyder Collected Letters, Universidade da Califórnia, Davis.
Postcards to Allen Ginsberg, 4/5/59 e 6/2/60. Biblioteca de Livros Raros e Manuscritos. Universidade de Colúmbia.

Letters to Peter Orlosvky, March 23 and April 1960. Biblioteca de Livros Raros e Manuscritos. Universidade de Colúmbia.

LIVROS (LISTADOS EM ORDEM CRONOLÓGICA DE ESCRITA)

Maggie Cassidy [início de 1953]. Nova York: Avon, 1959.
Some of the Dharma [dezembro de 1953-15 de março de 1956]. Nova York: Viking, 1997.
Desolation Angels [1956, 1961]. Nova York: Putam, 1965. [*Anjos da desolação*, L&PM Editores, 2010]
Dharma Bums [novembro de 1957]. Nova York: Viking, 1958. [*Os vagabundos iluminados*, L&PM POCKET, 2004]
Heaven & Other Poems. Bolinas, Califórnia: Grey Fox, 1959.
Trip Trap: Haiku along the Road from San Francisco to New York: 1959 (with Albert Saijo and Lew Welch). Bolinas, Califórnia: Grey Fox, 1973.
Lonesome Traveler [1960]. Nova York: McGraw-Hill, 1960. [*Viajante solitário*, L&PM POCKET, 2005]
Big Sur [outubro de 1961]. Nova York: Farrar, Strauss, Cudahy, 1962. [*Big Sur*, L&PM POCKET, 2009]
Scattered Poems. Compilado por Ann Charters. São Francisco: City Lights, 1971.
Pomes All Sizes. São Francisco: City Lights, 1992 [Manuscritos na Berg Collection, Biblioteca Pública de Nova York].

GRAVAÇÕES

American Haikus from *Blues & Haikus* recording, [1959], Rhino Word Beat, 1990.

Bibliografia

BERTRAND, Agostini, PAJOTIN, Christiane. *Itineraire das l'errance, Jack Kerouac et le haiku*. Grigny: Editions Paroles D'Aube, 1998.

BLYTH, R.H. *Haiku*. 4 volumes. Tóquio: Hokuseido Press, 1949-1952.

_____. *Senryu: Japanese Satirical Verses*. Tóquio: Hokuseido Press, 1949.

_____. *A History of Haiku*. 2 volumes. Tóquio: Hokuseido Press, 1963-1964.

FIELDS, Rick. *How the Swans Came to the Lake: A Narrative History of Buddhism in America*. Boston e Londres: Shambhala, 1992.

GINSBERG, Allen. "Review of The Dharma Bums". *The Village Voice*, November 12, 1958, p. 3-5.

_____. "Paris Review Interview". *Beat Writers at Work*. Editado por George Plimpton. Nova York: Modern Library, 1999. p. 31-68.

GODDARD, Dwight, editor. *A Buddhist Bible*. Boston: Beacon, 1938.

HENDERSON, Harold G. *An Introduction to Haiku: An Anthology of Poems from Basho to Shiki*. Garden City: Double-day, Anchor, 1958.

KEROUAC, Jack. "Paris Review Interview". *Beat Writers at Work*. Editado por George Plimpton. Nova York: Modern Library, 1999. p. 97-133.

_____. "The Origins of Joy in Poetry". *Good Blonde & Others*. Editado por Donald Allen. São Francisco: Grey Fox, 1993. p. 74.

_____. *Visions of Cody*. Nova York: McGraw-Hill, 1972.

_____. *Doctor Sax*. Nova York: Grove, 1959.

Lynch, Tom. "'A path toward nature': Haiku's Aesthetics of Awareness". *Literature of Nature: An International Sourcebook*. Editado por Patrick D. Murphy. Chicago, Londres: Fitzroy Dearborn, 1998. p. 116-125.

_____. "A Way of Awareness: The Emerging Delineaments of American Haiku" (ensaio inédito).

_____. *An Original Relation to the Universe: Emersonian Poetics of Immanence and Contemporary American Haiku* (Tese de doutorado inédita, junho de 1989).

Pizzarelli, Alan. "Spontaneous Notes on the Haiku and Related Poetic Forms of Jack Kerouac" (ensaio inédito).

Sato, Hiroaki. "Senryu vs. Haiku" Ensaio escrito para o Haiku Society of America. 11 de dezembro de 1993.

_____. *One Hundred Frogs*. Nova York: Weatherhill, 1995.

Shirane, Haruo. *Traces of Dreams: Landscapes, Cultural Memory, and the Poetry of Basho*. Stanford, Calif.: Stanford University Press, 1998.

Snyder, Gary. *The Gary Snyder Reader: Prose, Poetry, and Translations, 1952-1998*. Washington, D.C.: Counterpoint, 1999.

Tonkinson, Carole (edição). *Big Sky Mind: Buddhism and the Beat Generation*. Nova York: Riverhead, 1995.

Ungar, Barbara. *Haiku in English*. Stanford, Calif.: Stanford Honors Essay in Humanities Number XXI, 1978.

Van den Heuvel, Cor (edição). *The Haiku Anthology*. Nova York: Norton, 1999.

Impressão e Acabamento

Prol